전인구의

미국주식 투자 전략

금리 인상 시대

전인구의 미국주식 투자 전략

전인구 지음

21세기북스

프롤로그

빠르게 부자가 되고 싶다면 남들과는 다르게 투자하라

우리는 하루라도 빨리 경제적 자유를 얻고 싶어 합니다. 일하지 않아도 원하는 것을 누릴 수 있는 삶을 꿈꾸죠. 그러려면 현재 가진 돈을 잃어서도 안 되고 지금보다 훨씬 더 많이 벌어야 합니다. 미래를 대비할 만큼 자산을 불려나가면서 현재를 즐길 수 있을 만큼 수익이 들어온다면 더욱 좋겠죠. 남들보다 유리한 조건에서 부를 축적하는 소수의 사람들 이야기 같습니다. 대부분의 사람들은 여전히 돈을 벌기가 쉽지 않으니까요.

평범한 직장인일 때 저는 그런 삶을 꿈꾸지도 못했습니다. 다만 다른 점이 있었다면 돈을 벌기 위해 악착같이 노력했다는 것입니다. 주식도 하고 부동산도 하고 경매도 하고 셰어하우스도 하고 창업도 하고 그림도 사고, 안 해본 것이 없습니다. 좀 더 빨리 돈을 벌기 위해 무엇이든 시도했습니다. 나에게 잘 맞는 방법은 어떤 것일까? 돈을 잃을 확률이 낮은 방법은 무엇일까? 지금 시점에서 나에게 가장 유리한 투자는 뭘까? 수익을 낼 수 있는 것이 무엇인지 고민하면서 계속 투자했습니다.

주식투자도 그렇게 시작했습니다. 2006년부터 투자하기 시작한 국내 주식시장은 코스피 2,000을 오르내리기를 반복했습니다. '코스피 2,000을 돌파했다'는 뉴스가 2007년에도 나왔고 2020년에도 나왔으니까요. 장기투자로 수익을 낼 수 있는 종목이 많지 않아 대부분의 사람들이 단기매매를 하는 곳이 국내 주식시장입니다. 물론 단기매매로 높은 수익률을 얻는 사람들도 많지 않지만요.

한국 기업은 대부분 경기민감주로 세계 경기가 호황일 때 크게 오르고 불황일 때 크게 하락하기 때문에 장기투자가 어렵습니다. 반대로 미국은 경기 호황과 관련 없는 식품, 프랜차이즈 분야의 글로벌 기업들이 많아서 주가가 장기적으로 꾸준히 오릅니다. 코카콜라, 스타벅스, 펩시, 맥도날드, 도미노피자, 쉐이크쉑, 크리스피크림, 버거킹 등 우리 동네에서 흔히 볼 수 있는 가게들도 미국 브랜드입니다.

시대를 흔드는 트렌드 기업들도 대부분 미국에 있습니다. 스마트폰 격동기에 우승자는 애플이었고, 온라인 쇼핑 격동기에 우승자는 아마존, 전기자동차 격동기에 1위는 테슬라입니다. 국내 주식시장에서는 이런 기업에 투자할 수 없습니다.

대한민국은 2020년 인구 정점에 도달했습니다. 제조업 중심 국가가 인구 정점을 지났다는 것은 생산력과 소비력이 눈에 띄게 떨어진다는 의미이므로 꽤 나쁜 소식입니다. 반면 미국은 젊은 이민자들이 항상 몰려들어 생기를 유지하고 있습니다. 2021년 미국의 평균연령은 37.4세, 대한민국은 41.8세, 일본은 45.9세입니다. 세계 1위 경제대국, 기축통화국, 세계 인구 3위, 노벨상 수상자 1위, 군사력 1위의 국가답게 미국에서 1위는 전 세계 1위이기도 합니다.

그렇다면 투자자의 관점에서 미국주식에 투자하지 않을 이유가 없습니다. 오히려 세계 1위 기업들이 포진한 미국주식에 투자하지 않고 국내주식에만 투자하는 것이 더 위험한 선택일 수 있습니다. 그래서 미국주식에 투자하는 것은 주식투자자로서 필수 코스라고 볼 수 있습니다. 다만 많은 투자자들이 좋은 미국주식들을 놔두고 대중적인 주식, 이슈가 되는 주식, 스팩주, 밈주, 공모주 위주로 투자하다 오히려 돈을 잃어 안타까운 마음이 듭니다.

단순히 주위의 누군가가 권유하는 주식을 사지 말고 시장의 흐름을 보면서 가장 무너지지 않을 기업, 지금은 사람들이 눈여겨보지 않지만 앞으로 대중의 기대를 모을 수 있는 기업에 투자해야 돈을 벌 수 있습니다. 이 책에는 미국의 대표 주식들과 더불어 대중이 생각하지 못한 주식 정보를 담았습니다.

그 기업들의 주식을 사라는 뜻이 아니라 이런 상황에서는 이렇게 생각해보는 연습을 할 수 있다는 취지로, 예시 자료도 함께 넣었습니다. 시장을 어떻게 바라봐야 하는지, 이런 상황에서는 어떤 주식들을 주목해야 하는지, 그 흐름을 알면 수익률을 높이는 데 도움이 될 것입니다.

여러분의 경제적 자유, 누구보다 빠르게 달성하기를 바랍니다.

2022년 2월

전인구

차례

1장
개미투자자를 위한 미국주식 투자법

2장

초보자도 바로 시작하는 미국 ETF 투자법

3장

앞으로 오를 미국주식

4장

미국 부자들이 주목하는 해외주식

1장

개미투자자를 위한 미국주식 투자법

폭락장에도 미국주식은 피해가 덜하다

10년에 한두 번은 증시가 크게 하락하는 패닉장이 발생합니다. 보통 끝자리가 8인 해에 하락장이 크게 나타나죠. 1998년 IMF 외환위기, 2008년 글로벌 금융위기, 2018년에는 미중 무역분쟁과 함께 증시가 10년 만에 가장 큰 하락을 보였습니다.

뉴스를 보면 큰 하락장이 오기 전에 징후들이 나타나지만 이를 예상하고 대비하는 투자자는 많지 않습니다. 양치기 소년처럼 위기라고 해도 막상 하락이 크지 않은 경우도 많고, 하락하자마자 증시가 크게 오르기도 하니 위험에 둔감해지는 것입니다.

그리고 큰 하락장 직전에는 큰 상승장이 옵니다. 수익률을 극대화하기 위해 가진 돈을 다 끌어모아 투자한 상황에서 큰 하락장을 만나면 대처할 방법이 없죠. 주가가 떨어졌을 때 사야 한다는 것은 알지만 현금이 없으니 그냥 지켜볼 수밖에 없습니다. 설령 주식을 저렴하게 샀다 해도 주가가 회복할 때까지 기다리지 못해 손실을 확정하고 맙니다.

그렇다고 하락장이 언제 올지 모르는데 마냥 현금을 들고 있을 수도 없습니다. 그래서 가장 좋은 방법은 주식투자 비중의 절반 정도를 미국주식으로 보유하는 것입니다. 그중에서도 미국 우량주를 추천합니다. 일반적으로 증시가 하락해도 재무구조가 튼튼한 우량주는 비교적 덜 하락합니다. 남들은 50% 하락할 때 30%만 하락하면 상대적으로 나은 것이죠.

특히 큰 위기에는 안정 지향적으로 바뀌므로 신흥국 증시가 미국 증시보다 더 하락합니다. 여기에 환율도 계산해야 합니다. 위기가 오면 투자자는 안전한 달러를 원하므로 환율이 크게 오릅니다. 그럼 어떤 일이 벌어질까요?

	한국주식	미국주식	미국 우량주
위기 전 매수 가격	1억 원	1억 원	1억 원
위기 시 하락률	-50%	-30%	-15%
환율 고려 시 (1,000원 → 1,500원)	5,000만 원	1억 500만 원	1억 2,750만 원
실수익률	-50%	+5%	+27.5%

위기 때는 미국주식도 손실이 나지만 환율에서 큰 이익을 얻기 때문에 최종적으로는 수익이 날 수 있습니다. 그럼 어떻게 대처해야 할까요? 그대로 주식을 들고 있기보다는 교체매매를 해야 합니다. 덜 하락한 미국 우량주를 팔고 환전을 해서 수익을 확정한 다음, 상대적으로 많이 하락한 한국주식을 사면 향후 주가가 회복되었을 때 더 큰 이익을 낼 수 있습니다.

6개월 뒤에 주가와 환율이 다시 안정을 찾았을 때는 미국주식을 사는 것이 가장 불리합니다. 높은 환율 탓에 환손실이 발생하기 때문이죠. 주가가 원래대로 회복되었다고 해도 환율이 높을 때 샀다면 환율이 떨어지면서 주가 상승보다 더 많은 환손실이 발생합니다. 주가가 올랐는데 계좌는 손실이 나는 것이죠.

	한국주식	미국주식	미국 우량주
위기 시 매수 가격	5,000만 원	7,000만 원	8,500만 원
1억 원으로 복구 시 수익률	100%	43%	18%
환율 고려 시 (1,500원 → 1,000원)	1억 원	6,666만 원	6,666만 원
실수익률	100%	-4.8%	-21.4%

그래서 증시가 좋을 때와 나쁠 때, 환율이 좋을 때와 나쁠 때에 따라서 미국주식 비중을 조절해가며 투자해야 합니다. 남들이 하는 대로 따라 하다가는 앞으로 벌고 뒤로 잃을 수 있습니다.

세계 상위 5% 기업들이 모인 미국 증시

우리가 일상에서 흔히 사용하는 제품의 상당수가 글로벌 브랜드입니다. 아침에 아이폰 알람 소리에 잠을 깨고, 에스티로더 화장품을 바른 후, 나이키 운동화를 신고, 테슬라를 타고 출근하는 길에 스타벅스 드라이브스루를 이용합니다. 점심에는 맥도날드를 먹을까, 버거킹을 먹을까 고민하고, 퇴근해서 도미노피자를 먹으며 넷플릭스를 봅니다. 텔레비전으로 드라마를 보면서 한 손으로는 아마존 해외직구 쇼핑을 합니다. 이 돈들은 다 어디로 갈까요?

미국은 전 세계에서 가장 큰 소비 국가이면서 GDP가 가장 높은 나라입니다. 미국인들은 돈을 펑펑 쓰면서도 잘사는 것이 아니라 잘살기 때문에 그만큼 소비를 많이 하는 것입니다. 먹는 것, 입는 것, 쓰는 것들 상당수가 미국 브랜드이고, 우리나라 대기업 과반수 이상의 주주가 외국인 투자자입니다. 그리고 미국은 세계에서 가장 큰 투자은행들을 보유하고 있죠. 삼성전자가 아무리 돈을 많이 벌어도 주식의 절반 이상이 외국인 소유로 2020년 18조 원의 배당금 중 9조 원이 외국으로 빠져나갔습니다.

그래서 미국은 세계에서 가장 잘사는 나라입니다. 다른 나라에 공장을 짓고 그 나라 국민들에게 월급을 주고 세금을 내지만 브랜드 가치 하나로 최종 수익은 미국으로 들어갑니다.

결국 미국 주식시장은 단순히 미국 기업들이 모인 곳이 아닙니다. 글로벌 브랜드, 세계 1위 기업들이 모인 메이저리그입니다. 지금과 같은 글로벌 시대에는 국내 1위 기업이라고 딱히 유리하지도 않습니다. 커피 시장만 봐도 국내 1위 프랜차이즈는 큰 의미가 없습니다. 스타벅스가 국내 시장을 장악했으니까요.

1위 기업은 다른 기업보다 유리한 조건을 갖고 있습니다. 먼저 강력한 브랜드를 형성합니다. 세계 1위 커피 프랜차이즈는 스타벅스라는 것을 모두 알고 있습니다. 그럼 세계 2위는 어떤 브랜드일까요? 코카콜라가 인수한 코스타 커피이지만 많은 이들이 모르고, 또 알고 싶어 하지도 않습니다. '스타벅스만으로 충분한데 왜 굳이 2위를 알아야 하는가?'라고 생각하는 사람들이 많을수록 1위는 더 강력한 브랜드 파워를 형성합니다. 한동안 경쟁자 없이 1위를 유지할 가능성이 높죠.

그래서 1위 기업은 가격 결정력을 가집니다. 스타벅스 커피 가격은 300원 정도 올라도 고객들이 충분히 감내합니다. 하지만 강력한 브랜드를 보유하지 못한 기업은 상황이 다릅니다. 고객들의 반감을 의식해 가격을 마음껏 올리지 못합니다.

시장점유율 1위는 원가절감에도 유리합니다. 대량으로 원두를 사올 때와 소량으로 원두를 사올 때 단가가 달라질 수밖에 없습니다. 원가절감에 유리하면 가격 전쟁에서도 끝까지 살아남을 수 있습니다. 물가는 계속 오르지만 스타벅스는 아메리카노 가격을 2014년 이후 계속 동결하면서 타 업체에 부담을 주고 있습니다. 이를 버티지 못하고 가격 인상을 시도한 다른 브랜드는 폐점률이 늘고 있습니다. 반면 스타벅스는 계속 성장하고 있죠.

불황이 오면 업종 전체가 힘들지만 1위는 상황이 다릅니다. 예를 들어 불황으로 업계 4, 5위가 부도 나면 그만큼을 1, 2, 3위가 가져갑니다. 다시 호황이 왔을 때 살아남은 기업이 3곳밖에 없으니 공급은 부족하고 수요는 늘어나면서 가격이 오릅니다. 1위는 불황과 호황이 반복될수록 더 성장하는 원리입니다.

그래서 업계 1위에 투자하는 것이 장기적으로 주식투자의 생존율을 높이는 방법입니다. 1위 기업이 가장 많은 미국주식은 여러분의 투자 수명을 늘려줄 것입니다.

배당수익률이 높은 미국주식

미국주식의 가장 큰 장점은 배당을 잘 한다는 것입니다. 기업은 이익금의 일부를 주주들에게 나눠주는데, 이것을 배당이라고 합니다. 물론 테슬라처럼 배당을 하지 않고 성장에 재투자하는 기업들도 있지만 어느 정도 성장이 이뤄지고 나면 이익금을 주주들에게 나눠줍니다. 한국은 기업의 실소유주가 경영(오너 경영)을 하는 경우가 많아 회사의 이익금을 투자자에게 나눠주는 데 인색합니다. 회사는 내가 키웠는데 이익을 왜 주주들에게 나눠줘야 하나 생각하는 것입니다. 그래서 성장이 충분히 이뤄졌는데도 배당이 없거나 적고, 이익 잉여금은 잔뜩 쌓여 있습니다.

반대로 미국은 여러 투자자들이 참여한 기업들이 많습니다. 그러다 보니 성과를 높일 수 있는 전문경영인에게 기업을 맡깁니다. 전문경영인은 기업의 실적에 따라 성과금을 받습니다. 매출과 이익뿐만 아니라 주가가 올랐는지도 평가 기준에 포함됩니다. 전문경영인을 평가하는 것은 투자자들입니다.

그래서 전문경영인은 주가를 올리기 위해 노력합니다. 실적이 좋아도 주가가 오르지만 배당금이 늘어도 주가가 올라갑니다. 주주들은 주가도 올리고 배당금도 잘 주는 전문경영인과 이사회에 만족합니다.

미국은 배당 사회입니다. 우리는 노후 대비 자산이 대부분 부동산이지만 미국은 다릅니다. 401K라 불리는 퇴직연금이 잘되어 있어 노후 대비 자산으로 주식을 보유하는 사람들이 많습니다. 배당금을 받아 노후 생활비로 쓰는 것이죠. 우리나라 대부분의 기업들처럼 1년에 한 번이 아니라 3개월마다 배당금을 주는 경우가 대부분입니다.

한번 생각해봅시다. 기업이 배당금을 줄이거나 주지 않으면 주식 배당금으로 노후생활을 하는 사람들은 생활비가 끊기게 됩니다. 그러면 주식을 팔아서 생활비를 마련해야겠죠. 결국 점점 주식도 줄어들고 배당금도 줄어들어 가난해지게 됩니다. 이것을 막기 위해 배당금을 잘 주는 다른 주식으로 교체매매를 합니다.

배당금이 줄어들어서 주식을 파는 사람들이 늘어나면 주가는 하락할 수밖에 없습니다. 주가가 하락하면 전문경영인의 성과급도 줄어들겠죠? 주요 주주들과 이사회 사람들도 즐거울 리 없습니다. 그래서 이익이 적게 나도 견딜만하면 배당금을 기존보다 더 주면서 주가를 떨어뜨리지 않으려고 합니다.

미국주식에 투자하려면 배당 문화를 이해해야 합니다. 한국과 다르게 배당이 주가에 미치는 영향이 큽니다. 여기에 배당 성향까지 이해하면 투자에 도움이 됩니다.

배당금 ÷ 주당순이익 = 배당 성향(%)

배당 성향이 100% 이상이라는 것은 회사의 이익보다 배당금을 더 많이 준다는 뜻입니다. 회사의 곳간이 줄어들고 있다는 뜻이죠. 배당 성향이 100%보다 낮으면 회사의 곳간이 늘어나고 있다는 뜻입니다.

가장 좋은 배당주는 매출과 이익이 늘어나면서 낮았던 배당 성향이 점점 높아지고 있는 주식입니다. 그러면 꽤 오랫동안 배당금이 계속 늘어날 가능성이 있습니다.

배당 성향이 100% 이상이면 당장은 배당수익률이 높지만 앞으로 배당금이 줄어들 가능성도 높습니다. 언제까지 빚내서 배당금을 줄 수는 없으니까요.

아이폰을 살 때 애플 주식을 샀더라면

분야	순위	회사명	시가총액
전기자동차	1위	테슬라	1,200조 원
인터넷	1위	구글	2,200조 원
인터넷쇼핑 · 클라우드	1위	아마존	2,000조 원
스마트폰	1위	애플	3,200조 원
생활용품	1위	P&G	430조 원
소프트웨어	1위	마이크로소프트	2,900조 원
SNS	1위	페이스북	1,000조 원

제약	1위	존슨앤존슨	500조 원
OTT	1위	넷플릭스	320조 원
마트	1위	월마트	450조 원
정유	1위	엑슨모빌	300조 원

미국의 대형주를 생각나는 대로 적어봤습니다. 시가총액 1,000조 원이 넘는 주식이 4개나 있습니다. 참고로 삼성전자의 시가총액은 450조 원, 코스피 기업 전체의 시가총액은 2,000조 원입니다. 주식시장에서는 아마존과 코스피 기업 전체의 가치가 같습니다.

미국 시가총액 1위인 애플은 3,200조 원으로 구글과 삼성전자를 합친 것보다 많습니다. 마이크로소프트, 아마존, 구글, 테슬라 4개 기업만 합쳐도 시가총액 1경입니다. 그만큼 미국주식이 세계 경제에서 차지하는 비중이 상당합니다. 한국주식이 지구라고 하면 미국주식은 태양입니다. 한국주식은 국내 이슈뿐 아니라 미국 이슈에도 주가가 출렁입니다. 한국주식에 투자할 때는 다른 나라 상황도 예의 주시해야 합니다. 하지만 미국주식은 한국의 영향을 크게 받지 않으니 미국의 이슈만 잘 확인하면 됩니다.

직장생활과 투자를 병행하는 상황에서 주식투자를 위해 여러 국가의 상황을 확인하기란 쉽지 않습니다. 한국주식을 하면 세계의 흐름을 읽은 다음 그 속에서 한국이 어떤 영향을 받을지 두 번 생각해야 합니다. 반면 미국주식은 세계의 흐름만 읽고 바로 투자하면 됩니다. 그만큼 정확도가 높고 시간과 에너지 소모도 적겠죠.

투자는 단순하고 즐거워야 합니다. 내가 좋아하는 브랜드에 투자하고, 그 브랜드가 세계 1위로 성장해서 주가가 오르면 스트레스도 안 받고 삶이 재미있어집니다. 그래야 투자를 습관처럼 오래 할 수 있습니다.

주식 초보자에게 추천하는 방법은 내가 좋아하는 브랜드의 주식을 사고 배당금을 모아 그 기업의 제품을 사는 것입니다. 예를 들어 스타벅스 주가는 13만 원 정도로 2주를 보유하면 배당금 4달러, 커피 1잔을 마실 수 있습니다. 여러분은 주식도 보유하고 그 제품을 즐길 수도 있는 것입니다. 버거킹 주식 2주면 배당금으로 1년에 햄버거 하나를 사 먹을 수 있습니다.

이렇게 주식과 친해지는 연습을 하면 주식을 사서 모으는 재미가 생깁니다. 내가 좋아하는 브랜드의 주식을 사서 모으다 보면 어느 순간 여러분은 미국주식 배당금만으로 한 달 생활비를 벌 수 있을 것입니다.

2020년 기준 미국에서 퇴직연금이 100만 달러(12억 원) 이상인 연금 부자가 26만 명이 넘었습니다. 이들은 퇴직연금을 주식으로 보유했기 때문에 연금자산이 크게 불어난 것입니다. 미국주식은 배당금이 높기 때문에 주식을 팔지 않아도 노후 연금이 충분합니다. 전 세계 사람들이 사주는 물건으로 기업들이 벌어들인 수익이 미국 노인들의 연금으로 들어가는 셈입니다. 이제 우리가 미국의 수익을 적극적으로 가져오는 홍길동 개미가 됩시다.

주가가 우상향하는 미국 주식시장

미국 증시는 큰 하락이 종종 오기는 하지만 장기적인 관점에서 보면 큰 변동 없이 계속 우상향했습니다. 증시의 역사가 깊다 보니 대공황, 오일쇼크, 블랙먼데이, 서브프라임 모기지 사태, 코로나19 등 수많은 우여곡절에도 우수한 수익률을 보여줬습니다.

하락이 와도 팔지 않고 버티면 결국 수익을 낼 확률이 높은 것이 미국주식입니다. 그래서 미국주식은 장기투자를 해야 성공률이 높아집니다. 특히 글로벌 브랜드를 보유한 기업들은 지속적인 성장을 하기 때문에 경기방어주에 장기투자하는 것은 꽤 좋은 타율을 올릴 수 있는 전략입니다.

그리고 배당수익률이 높아 주식을 팔지 않아도 현금이 계속 들어오고 그걸로 원하는 주식을 또 살 수 있죠. 주식 수는 계속 늘어나고 주가는 계속 우상향합니다. 그럼 버티는 자가 돈을 버는 단순한 게임으로 바뀝니다.

이 전략을 가장 잘 사용한 사람이 버크셔해서웨이의 회장 워런 버핏입니다. 주식투자로 세계 2위 부자까지 올랐던 그는 나날이 부가 늘어나고 있습니다. 그는 회사에 큰 문제가 없다면 우량주를 사서 평생 보유하는 전략을 사용합니다. 미국은 한국의 부동산처럼 주식을 오래 보유할수록 양도세를 감면해주기 때문에 주식을 팔지 않고 오래 보유하는 것이 유리합니다. 대신 배당금으로 현금흐름을 만들어가면 됩니다. 주가는 배당금을 준 만큼 오르지 않아 양도세가 덜 나가고, 주주는 배당금을 주니 당장 매도할 이유가 없습니다. 그래서 미국주식은 매수세가 더 많을 수밖에 없습니다.

또한 코로나바이러스감염증-19 이후 전 세계 투자자들이 주식의 맛을 알아버렸습니다. 어느 나라에 살든 미국주식에 대한 관심이 지대합니다. 실제로 미국주식에 투자하는 외국인들이 늘어나고 있습니다. 세상의 돈이 미국으로 몰리고 있는 것이죠. 그러면 주가는 당연히 오를 수밖에 없습니다.

경제 위기가 오면 투자자들은 고수익을 얻을 수 있는 신흥국 투자를 꺼려합니다. 그리고 가장 안전하다고 생각하는 미국주식에 투자합니다. 그렇기에 경제 위기가 와도 미국주식이 더 빠르게 회복할 수 있는 것입니다.

자본주의에서는 승자일수록 유리하고 패자일수록 불리합니다. 여러분은 드라마처럼 패자가 승자가 되기를 바라기보다는 오랫동안 승자를 유지하는 기업을 찾아 투자하는 것이 더 현명합니다. 현실은 냉혹하니까요.

불황에 더 성장하는 미국주식

한국주식은 2가지로 나뉩니다. 반도체, 자동차, 화학, 조선, 가전 등 수출을 위주로 하는 경기민감주와 통신, 식품, 서비스를 위주로 하는 경기방어주입니다. 경기민감주는 세계 경기가 호황일 때 주가가 크게 오르고, 경기방어주는 세계 경기에 상관없이 꾸준한 실적을 올립니다. 경기방어주는 경기가 좋아도 주가가 크게 오르지 않고 반대로 경기가 나빠도 주가가 크게 떨어지지 않습니다. 투자자들한테는 매력이 없는 주식이죠. 주식투자를 하는 사람들은 큰 수익을 바라니까요.

통신업종은 해외 수출이 어렵습니다. 국가 기간산업이기 때문에 다른 나라의 통신사가 자국에 자리 잡을 수 없죠. 그래서 통신업체는 국내 매출에 머무릅니다. 하지만 경기가 나빠도 스마트폰은 필요하고 인터넷도 써야 하니 매출이 일정하게 나옵니다. 거기에 배당금도 잘 주니 안전한 투자처로 각광받습니다.

과거에는 식품업종이 국내에서만 매출을 올려서 투자자들의 관심을 받지 못했습니다. 그러다 초코파이가 중국에서 대박을 터뜨리고 K-콘텐츠와 더불어 한국의 식품이 해외에서 인기를 얻으면서 식품 회사들도 수출을 시작했습니다. 지금은 성장주가 될 가능성이 있지만 아직은 내수로 평가하고 있습니다.

미국은 글로벌 브랜드가 많습니다. 우리나라 식품 브랜드가 미국에서 유행하는 경우는 드물지만 미국의 식품 브랜드가 우리나라에서 유행하는 경우는 아주 흔합니다. 맥도날드, 버거킹, 스타벅스, 코카콜라, 도미노피자는 국내뿐 아니라 전 세계에서 큰 수익을 올리고 있습니다.

맥도날드(MCD) 스타벅스(SBUX) 도미노피자(DPZ)

(출처 : 네이버)

롯데쇼핑, 이마트, 신세계, 현대백화점은 국내 매출이 전부이다 보니 성장에 한계가 있지만 미국의 유통회사 코스트코와 월마트는 해외 지점을 확장하면서 계속 성장해나갑니다. 글로벌 기업은 이처럼 전 세계를 대상으로 사업을 하다 보니 경기방어주라고 해도 계속 성장합니다. 경기가 나쁠 때도 주가가 크게 하락하지 않죠.

성장이 끝났다고 판단되는 미국 기업들은 그동안 쌓아둔 현금으로 업종 변신을 합니다. 탄산음료에 대한 거부감이 커지면서 성장의 한계에 맞닥뜨린 코카콜라는 세계 2위 커피 프랜차이즈 코스타 커피를 인수해 빠르게 성장하는 커피 사업에 진출했습니다.

통신 기업 AT&T는 다른 나라의 통신 회사 지분을 사들이고, 미디어콘텐츠 기업을 인수하면서 지속적인 성장을 위해 노력합니다.

사양산업에 머무는 것이 아니라 다시 성장업종으로 탈바꿈하는 것이죠.

미국주식에 투자할 때는 한국주식에 갇혀 있던 선입견을 버리고, 어떤 사업을 새로 추가했고 계열사로 어떤 기업들이 있는지 살펴봐야 합니다.

한국주식과 미국주식의 차이점

한국주식에 투자할 때와 미국주식에 투자할 때의 가장 큰 차이점은 개장 시간입니다. 한국 증시는 오전 9시에 시작해 오후 3시 30분에 마감합니다. 미국 증시의 개장 시간은 한국 시각으로 오후 11시 30분~오전 6시, 서머타임에는 오후 10시 30분~오전 5시입니다. 직장인의 경우, 낮에는 근무에 집중하고 밤에 미국주식을 하면 회사 일에 지장을 주지 않습니다. 물론 투자를 좋아하는 사람들은 낮에는 한국주식, 밤에는 미국주식, 주말에는 코인을 하느라 바뺍니다.

한국주식과 미국주식 둘 다 투자하면 서로 시차가 있으니 시장의 흐름을 예상하는 데 도움이 됩니다. 예를 들어 오늘 밤 미국주식 중 전기차가 유달리 상승했다면 다음 날 한국 증시도 전기차 관련주가 오릅니다. 반대로 한국 증시에서 반도체가 오늘따라 하락이 심했다면 미국 증시에서도 반도체 주가가 하락하는 경우가 많습니다.

12시간 뒤의 상황을 교차로 예상할 수 있으니 한국주식과 미국주식 둘 다에 투자하면 더 유리한 것입니다. 투자를 하지 않으면 내 돈이 걸려 있지 않으니 주의를 기울이지 않게 됩니다. 그런 점에서도 한국주식과 미국주식을 둘 다 하는 것이 좋습니다.

한국주식은 원화로 결제되지만 미국주식은 달러로 결제됩니다. 중간에 환전이 필요하죠. 주식 거래수수료 외에도 환전수수료가 들어가기 때문에 미국주식을 자주 사고팔면 투자금이 눈 녹듯이 사라질 수 있습니다. 그러니 미국주식으로 단타매매는 생각하지 않는 것이 좋습니다. 한국주식으로 단타매매를 하면 손실을 보더라도 수수료를 한국에 버리는 것이지만 미국주식을 하다가 손실을 내면 국부 유출입니다.

최근에는 통합증거금제도가 생겼는데, 당일 환전 절차를 거치지 않고 원화를 기반으로 미국주식을 사면 다음 날 환율 기준으로 원화가 차감되는 것입니다. 환전을 하고 주식을 사는 번거로움을 덜어주고 필요한 만큼만 환전하니 외화 예수금이 남지 않는다는 장점이 있습니다.

반면 단점은 해외주식을 매도하고 그날 그 나라의 주식을 사지 않으면 바로 자동 환전되어 환전수수료가 나간다는 것입니다. 달러로 보유하다 나중에 미국주식을 살 수 없는 것이죠. 게다가 해외투자의 백미인 환차익을 노릴 수도 없습니다. 그래서 저는 통합증거금제도를 이용하지 않습니다.

보통 미국주식을 거래하는 증권사 앱과 한국주식을 거래하는 앱이 서로 다릅니다. 그런 불편을 해소할 수 있는 것이 한국, 미국, 유럽, 아시아 주식을 모두 거래할 수 있는 삼성증권 앱입니다.

미국주식에는 한국주식에 없는 종목들이 있습니다. 돈육 가격, 생우 가격, 커피 가격에도 투자할 수 있습니다. 탄소배출권도 지금은 국내에서 투자할 수 있지만 한동안 미국 증시에만 있었습니다.

가격이 1년 만에 2배로 오르자 국내 증시에서도 부랴부랴 출시되었죠. 트렌드도 미국주식이 빠르기 때문에 국내 주식시장에서 매수할 수 없는 것들이 많습니다. 그래서 우리는 미국주식에 투자해야 합니다.

환율 얼마일 때 환전해야 가장 유리할까?

그럼 언제 달러를 사고파는 것이 유리할까요? 답은 10년 환율 차트에 있습니다. 10년간 환율이 1,200원 이상 올라간 경우는 단 두 번밖에 없습니다. 2015년 말 미국의 기습적인 금리 인상으로 증시가 바닥을 쳤을 때와 2020년 3월 코로나19 위기 때입니다. 코로나19 위기 당시 환율이 올랐으나 이내 급락해 1,100원 밑으로 내려왔습니다.

반대로 환율이 1,100원 아래로 내려간 적은 다섯 번 정도 있습

달러/원 10년 환율 차트

(출처 : 인베스팅닷컴)

니다. 가장 많이 내린 때는 2014년으로 1,000원 근처까지 떨어졌다가 이내 1,200원으로 올라갔죠. 2018년 1월 코스피가 2,600으로 최고치를 찍던 무렵에도 환율이 빠르게 떨어져 1,050원에 이르렀습니다. 코로나 위기를 유동성 공급으로 해결하던 시기에도 1,100원 아래로 잠시 내려갔습니다.

종합해보면 환율은 10년간 정신없이 오르내렸으나 대개 1,200원

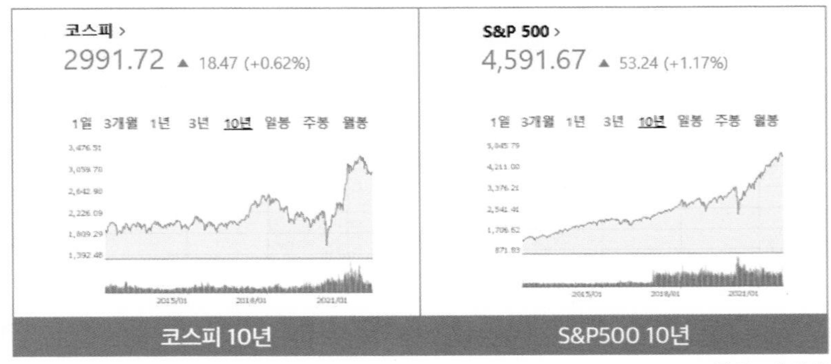

코스피 10년 S&P500 10년

(출처 : 네이버)

이상 오래가지도 않고, 1,100원 이하에서 오래 머물지도 않습니다. 그럼 환전 전략은 1,100원에 달러를 사고, 1,200원에 파는 것으로 하면 됩니다.

신흥국인 한국 지수는 변동성이 심하고, 미국 지수는 변동성이 적습니다. 그래서 한국주식으로 수익을 극대화하고, 미국주식은 보험 성격으로 투자하는 것이 적절한 전략입니다. 한국주식이 많이 떨어졌을 때 미국주식을 팔아서 매수하고, 증시 상승기에 한국주식을 조금씩 팔아 수익을 실현하면서 환율이 낮을 때 미국주식을 사서 모으는 것이 유리합니다.

미국주식 세금 줄이는 노하우

한국주식은 2023년부터 연간 5,000만 원 이상의 수익에 대해서 22%의 세금을, 연 3억 원을 초과하는 수익에 대해서는 27.5%의 세금을 부과합니다. 그에 비해 미국주식은 22%의 양도소득세만 부과하는데, 연간 250만 원까지는 기본공제를 해줍니다. 기본공제 금액이 국내주식과 20배 차이가 나는 것이죠.

양도소득세는 매년 1월 1일~12월 31일에 매도한 주식에 대해 부과합니다. 매도하지 않으면 세금을 내지 않아도 됩니다. 미국처럼 오래 보유한다고 해서 감면해주지 않습니다.

그렇다면 주식투자 수익에 대한 세금을 어떻게 줄일 수 있을까요? 수익이 난 주식과 손실이 난 주식을 그해에 둘 다 팔면 됩니다. 예를 들어 2022년에 해외주식 중 1,000만 원의 수익을 낸 A주식과 1,000만 원 손실이 난 B주식을 둘 다 팔면 실제 수익은 0원이 되니 양도소득세를 내지 않아도 됩니다.

해외주식 양도소득세 = (매매 수익 - 매매 손실 - 기본공제 250만 원) × 22%

그리고 다음 해 1월 1일 이후 오를 것 같다고 생각하는 A주식이든 B주식이든 다시 매수하면 됩니다. 연말에 수익과 손실을 확정 짓고 내년 초에 다시 사는 것을 매년 반복합니다. 또한 매년 250만 원의 기본공제를 해주니 장기 보유할 생각이라고 해도 연말에 매매 차익 250만 원 이내로 팔아 수익을 확정 짓고 내년에 다시 사면 그만큼 세금을 절약할 수 있습니다.

또 다른 방법은 양도소득세 대신 배당소득세를 내는 것입니다.

양도소득세는 세율이 22%이고 배당소득세는 연 2,000만 원 이하일 경우 15.4%, 초과일 경우 종합소득세에 포함됩니다. 같은 ETF도 국내 상장이냐 해외 상장이냐에 따라 세금 종류가 다릅니다. 예를 들어 S&P500 지수를 추종하는 ETF는 해외주식에 투자하는 상품입니다. 국내 상장 해외 ETF는 펀드이므로 매매 차익에 대해 배당소득세(15.4%)를 부과하고 해외 증권사가 만든 미국 상장 해외 ETF는 양도소득세(22%)를 부과합니다.

세금 절약의 끝판왕은 개인형 퇴직연금 IRP로 해외 ETF에 투자하는 방법입니다. 근로소득자가 IRP에 가입하면 연간 최대 700만 원 납부액에 대해 세액 공제를 해줍니다. 연봉 5,500만 원 이상인 사람은 13.2%, 이하인 사람은 16.5%를 돌려받을 수 있습니다. 세액 공제만으로 쏠쏠한 수익을 얻는 것이죠. 그리고 IRP 납입금의 70% 이내로 주식형 ETF(위험자산), 즉 미국, 베트남 등 해외 지수 추종 ETF와 미국 헬스케어, 고배당 등 특정 업종이나 테마 관련주를 담은 섹터 ETF를 살 수 있습니다. IRP 납입금의 30% 이상으로는 미국 우량채권 ETF(안전자산) 등에 투자할 수 있습니다.

ETF에서 수익이 나도 퇴직연금은 세금을 내지 않습니다. 20년간 해외 ETF를 1억 4,000만 원 투자해서 5배가 올라 7억 원의 수익을 냈을 경우 양도소득세가 1억 5,400만 원이 나옵니다. 하지만 연소득 5,500만 원 이하인 사람이 퇴직연금으로 투자했을 경우 세액 공제 2,156만 원을 돌려받고 양도소득세 1억 5,400만 원을 절약하게 됩니다. 대신 55세 이후에 연금을 수령할 경우 나이에 따라 연금소득세 1.1~3.3%를 냅니다. 연금자산 7억 원에 대한 세금을 가장 높은 3.3%로 부과해도 2,310만 원으로 세금만 1억 5,000만 원 이상 절약하는 것입니다.

그래서 우리는 세금을 알아야 합니다. 미리 세금 계획을 세워 투자합시다.

2장

초보자도 바로 시작하는 미국 ETF 투자법

10년 내 7배 수익 올리는 미국 증시 ETF

"내가 죽거든 직접투자는 하지 말고 S&P500 지수 ETF만 사라."

전 세계에서 가장 성공한 주식투자가 워런 버핏이 자신의 부인에게 했던 말입니다.

주식에 무지한 사람도 S&P500 지수에 투자하면 평균 이상의 수익을 낼 수 있다는 뜻이죠. 보통 사람들은 더 높은 수익을 낼 수 있는 주식을 고르는데, 막상 길게 보면 지수보다 더 높은 수익을 내는 경우가 많지 않습니다.

(출처 : 네이버)

미국 지수에 10년간 투자했다면 연평균 수익률은 얼마나 될까요? 배당금을 제외하고 S&P500은 연 12.8%, 나스닥은 연 17.7%, 다우존스는 연 10.5%입니다.

이 지수를 추종하는 ETF를 샀다면 배당금도 받게 됩니다. 그렇게 10년을 투자하면 S&P500(SPY)은 연 16.5%, 나스닥(QQQ)은 연 22.7%, 다우존스(DIA)는 연 14.1%의 수익률을 낼 수 있습니다.

평균 이 정도라면 웬만한 펀드매니저보다 높은 수익률입니다. 그래서 초보자나 주식을 공부할 시간이 부족한 사람은 직접투자를 하지 말고 지수 ETF에 투자하는 것이 더 현명한 선택입니다. 그런데 대부분의 사람들은 본인이 직접투자를 하면 더 높은 수익을 낼 수 있을 것이라고 생각합니다. 욕심 때문에 안정적이고 높은 수익률을 얻을 수 있는 방법을 외면합니다.

직접투자를 해보고 난 후에 본인이 주식투자에 소질이 없다고 생각하면 미국 지수 ETF에 투자하고 생업에 최선을 다하는 것이 좋습니다. 그렇게만 해도 여러분의 노후를 준비할 수 있을 것입니다.

미국의 지수마다 수익률 차이가 나는 이유도 알아야 합니다. 꼭 나스닥 지수에만 투자하는 것이 정답일까요? 저는 아니라고 생각합니다. 다우존스, S&P500, 나스닥 지수 모두에 애플과 마이크로소프트가 들어 있습니다. 미국은 뉴욕증권거래소와 나스닥거래소로 나뉘기 때문이죠. 한국주식이 코스피와 코스닥으로 나뉘는 것처럼 말입니다.

나스닥 지수는 나스닥거래소에 상장한 주식의 지수이고, 다우존스나 S&P500은 뉴욕증권거래소와 나스닥거래소를 모두 합쳐 새로운 지수를 만들어낸 것입니다. 다우존스는 30개 기업을 선정하고, S&P500은 500개 기업을 선정합니다. 그래서 다우존스보다는 S&P500 지수가 미국을 대표하는 증시 지수로서 신뢰도가 더 높습니다.

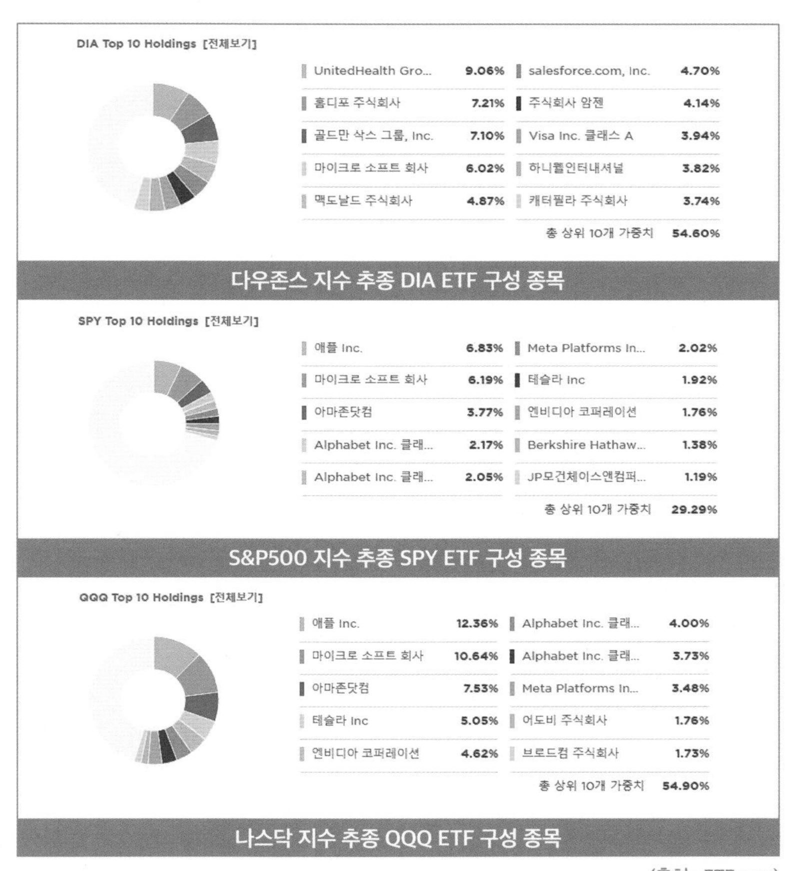

(출처 : ETF.com)

어떤 지수를 추종하는 ETF냐에 따라 주력으로 담는 주식이 달라집니다. 그래서 수익률 차이가 납니다. ETF.com에 들어가서 원하는 ETF 티커를 치면 주력 종목을 볼 수 있습니다.

다우존스 지수를 추종하는 ETF인 DIA는 기술주 22%, 소비재 17%, 금융 17%, 바이오 17%, 산업재 15% 등으로 여러 산업이 골고루 편성되어 있습니다. S&P500 지수를 추종하는 SPY는 기술주 35%, 소비재 15%, 금융 14%, 바이오 13%, 산업재 9%로 기술주 비중이 다우존스보다 좀 더 높습니다. 나스닥 지수를 추종하는 QQQ는 기술주 63%, 소비재 22%로 기술주에 편중된 모습을 보여줍니다. 4차산업, IT, 플랫폼 기업들이 각광받는 시기이므로 QQQ가 더 높은 수익률을 냅니다. 반대로 2000년 빅테크와 플랫폼 기업 등의 IT 거품이 붕괴되었을 때 나스닥 지수를 추종하는 QQQ가 가장 큰 타격을 받았습니다. 그래서 개인적으로는 다우존스와 나스닥의 중간 성격을 띤 S&P500 지수를 추종하는 ETF에 투자하는 것이 가장 무난하다고 봅니다.

미국 지수 ETF에는 단순히 지수만 따르는 것이 아니라 지수 움직임의 3배, -3배까지 추종하는 ETF도 있습니다. 대표적으로 나스닥 지수 3배를 추종하는 TQQQ와 -3배를 추종하는 SQQQ가 있습니다. 이런 ETF는 지수가 한 방향으로 꾸준히 움직일 때는 손실이 없지만 지수가 출렁이면 막상 올라가도 ETF는 손실이 날 수 있습니다.

예를 들어 지수가 10%씩 +, -로 세 번 정도 움직였다고 합시다. 위아래로 지수가 반복될 때마다 3배를 추종하는 ETF의 수익은 낮아지고 손실은 커집니다. 1배를 추종하는 ETF는 여러 번 반복되어도 레버리지 ETF보다 타격이 덜합니다.

시작 전	+10%	-10%	+10%	-10%	+10%	-10%
지수(1000)	1100	990	1089	980	1078	970
3배 추종(1000)	1300	910	1183	828	1076	754

지수를 추종하는 선물거래를 하지 말라는 이유 중 하나가 (선물 따라 다르지만) 보통 7~10배의 레버리지를 쓰기 때문입니다. 가격 변동이 조금만 심해도 순식간에 0이 될 수 있습니다. 그래서 지수 ETF에 투자할 때는 욕심을 비우고 레버리지는 손대지 않기를 바랍니다.

인플레 시대, 원자재 ETF에 투자하는 이유

미국 ETF 투자의 가장 큰 장점은 국내의 주식과 ETF에는 없는 종목에 투자할 수 있다는 것입니다. 가장 큰 런던증권거래소와 뉴욕증권거래소에서는 모든 주식이 거래된다고 보면 됩니다.

미국 ETF 투자의 장점은 세금에 있습니다. 해외주식과 ETF에 투자하면 연간 250만 원까지 양도소득세를 감면해줍니다. 초보자들이 보통 1,000만 원 이하를 투자해 연수익률이 25% 이상 나오기 쉽지 않다는 점을 생각해보면 국내 ETF보다 세금에서 이익이 크다는 것입니다. 예를 들어 국내 ETF이지만 해외 자산에 투자하는 경우 배당소득세 15.4%를 내야 하고, 수익이 연 2,000만 원 이상일 경우 종합소득세에 포함됩니다.

똑같이 농산물 ETF에 1,000만 원을 투자해서 올해 250만 원의 수익을 냈을 경우 미국에 상장한 농산물 ETF는 세금이 0원, 국내에 상장한 농산물 ETF는 세금 38만 5,000원을 내야 합니다. 그래서 소액투자자는 미국 ETF로 투자하는 것이 더 좋습니다.

그럼 원자재는 어떤 것에 투자할 수 있을까요? 가장 많은 사람들이 찾는 원자재는 금입니다. 달러 대체재 성격을 가지고 있고, 미국의 달러 가치나 신뢰도가 떨어지면 금 가격이 오릅니다.

금에 투자할 수 있는 방법은 ETF와 주식 2가지가 있습니다.

(출처 : 네이버)

하나는 실물 금을 런던 금고에 보유한 ETF인 GLD(SPDR Gold Shares), 다른 하나는 GDX(VanEck Gold Miners ETF)에 투자하는 겁니다. GLD는 실물 금이기 때문에 배당이익을 기대할 수 없고, GDX는 금 채굴 기업에 투자하는 ETF로 배당수익률이 1.7%나 되지만 금 가격과 약간 다르게 움직일 수 있습니다. 미국주식 중 금 광업체로 배당수익률 2%인 바릭골드(GOLD)와 배당수익률 3.8%인 뉴몬트(NEM)가 있습니다.

최근에는 달러 대체재 자리를 비트코인이 차지할 수도 있다는 이야기가 나오면서 금값이 크게 오르지 못했습니다. 코로나19 직전 1,500달러였으나 지금은 1,800달러 수준으로 약 20% 오른 상태입니다.

농산물은 주로 콩, 옥수수, 밀에 투자합니다. 쌀은 아시아에서 주로 소비하고 대부분 자국에서 재배하기 때문에 무역량이 밀보다 적습니다. 밀은 호주와 미국에서 주로 재배하고 전 세계에서 소비하기 때문에 생산지와 소비지가 일치하지 않아 무역이 활발합니다. 옥수수는 척박한 땅에서도 잘 자라고 재배 속도가 빨라서 가장 저렴하게 탄수화물을 얻을 수 있고, 동물 사료로도 많이 사용됩

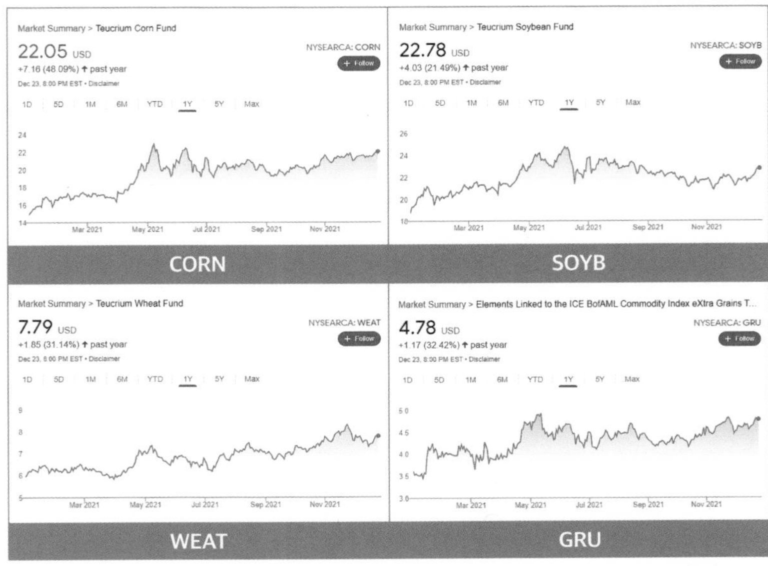

(출처 : 구글)

니다.

콩은 단백질을 가장 저렴하게 얻을 수 있는 작물입니다. 살을 빨리 찌워야 하는 가축들은 대두가 들어간 사료를 먹입니다. 그래서 콩 가격은 중국 돼지 사육의 영향을 받습니다. 돼지 요리를 많이 먹는 중국의 GDP 증가율과도 연관이 있습니다. 그래서 콩 가격을 보면 중국의 경제 상황을 가늠해볼 수 있습니다.

옥수수에 투자하는 ETF는 CORN(운용수수료 연 2.2%), 콩에 투자하는 ETF는 SOYB(운용수수료 연 1.9%), 밀에 투자하는 ETF는 WEAT(운용수수료 연 1.9%), 설탕에 투자하는 ETF는 CANE(운용수수료 연 1.9%)입니다. 운용수수료가 비싸서 투자의 매력이 떨어지므로 옥수수, 콩, 밀, 설탕에 따로 투자하기보다는 골고루 투자하는 곡물 ETF가 더 유리합니다. GRU는 곡물 인덱스 지수를 추종하는 ETN으로 운용수수료가 0.75%로 저렴합니다. 2021년 1월 3.5달러였던 주가는 12월 현재 4.8달러로 한 해 동안 37%의 수익률을 기록했습니다.

2021년 농산물 펀드는 인플레이션과 이상기후 우려가 겹치면서 몇 년간 보지 못한 가격으로 올랐습니다. 인플레이션은 2022년에도 이슈가 될 것이고, 라니냐의 영향으로 작황이 좋지 않을 가능성이 높습니다. 하지만 시간이 지나면 인플레 우려도 가라앉고, 라니냐도 연속해서 오는 경우는 없기에 가격이 다시 안정을 되찾을 것입니다. 지금 가격대를 보면 단기투자는 괜찮겠지만 장기투자로는 좋지 않습니다.

미국에는 한국에 없는 커피 ETF JO도 있습니다. 커피 선물에 투자하며 연간 운용수수료는 0.45%입니다. 남미 커피벨트의 수확량이 감소해 2021년 연간 수익률 75%를 기록했습니다.

원유 ETF로 가장 유명한 것은 USO입니다. 2021년 초 32달러에서 2021년 말 53달러로 65%의 수익률을 올렸습니다. USO는 원유 선물 지수를 추종하는 것으로, 원유를 실제로 사지 않고 원유 선물만 사고파는 것입니다. 선물은 나중에 살 권리, 즉 아파트 분양권과 같습니다. 아파트는 분양가의 10% 가격으로 계약을 할 수 있습니다. 나중에 아파트 시세가 올라도 최초에 정한 분양가만 지불하면 내 집이 되는 것이죠. 이처럼 선물은 시간 차를 이용해 적은 돈으로 큰 수익을 내는 투자입니다. 반대로 입주 시기가 되었을 때 집값이 하락하면 그만큼 손해가 발생합니다.

분양권을 보유하고 있으면 아파트가 다 지어졌을 때 입주를 해야 하듯이 선물을 보유하고 있으면 만기가 되었을 때 원유(현물)를 가져와야 합니다. 그래서 만기가 다 되어갈 때 선물을 팔고 만기가 많이 남은 선물로 교체매매를 합니다. 매월 또는 두 달에 한 번씩 만기가 도래하는 원유선물을 교체하게 되는데, 이때 수수료가 발생하고, 비용 손실도 생길 수 있습니다. 원유 ETF는 장기간 보유할수록 상당한 비용이 발생하므로 단기투자를 합니다.

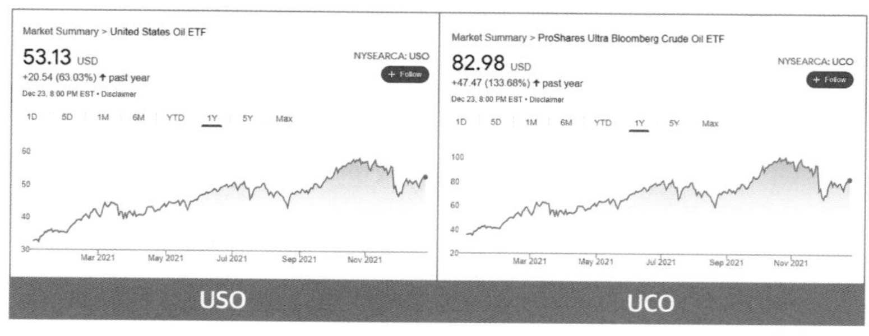

(출처 : 구글)

UCO는 원유 선물 가격의 2배를 추종하는 ETF입니다. WTI 원유 선물 가격이 4% 오르면 8%가 오르도록 설계된 ETF죠. 연간 운용수수료는 0.95%입니다.

NRGU는 미국 석유 및 가스 10대 기업의 주가를 지수로 만든 빅오일(US Big Oil) 지수의 3배를 추종하는 ETN입니다. 셰브론, 엑손모빌, 옥시덴탈, 마라톤오일, 필립스66 등의 주가를 3배 추종하므로 변동성이 상당히 심합니다. 그렇기에 더더욱 장기투자는 하지 않는 것이 좋습니다.

부자들만 아는 연 11.5% 고배당 ETF

노후 준비를 위해서는 뭐니 뭐니 해도 고배당 주식이 매력적입니다. 적은 돈을 투자해도 꾸준히 현금이 들어오죠. 배당수익률이 높으면서 주가도 상승한 매력적인 고배당 ETF를 찾아낸다면 다른 투자를 고민하지 않아도 노후연금을 준비할 수 있습니다.

가장 먼저 HDLB는 고배당이면서 주가 변동이 낮은 미국 기업 1,000개 중에서 40개 주식을 선별해 지수를 만들고 2배를 추종하는 ETF입니다. 변동성이 낮기 때문에 2배를 추종해 수익 극대화를

(출처 : 구글)

추구하고 월 배당을 하기 때문에 노후연금으로 매력적입니다. 배당수익률은 2021년 기준 연 4.3%입니다.

FGD는 다우존스 글로벌 지수 중 배당수익률이 좋은 기업들을 선별해서 구성한 ETF입니다. 배당수익률은 연 4.9%로 높은 편이며 우리나라 기업인 메리츠증권, 기업은행, 우리금융도 보유 상위 순위에 포함되어 있습니다.

GCOW는 티커명처럼 페이서 글로벌 캐시카우 배당지수(Pacer Global Cash Cows Dividend Index)를 추종하며 배당수익률이 높은 애브비, 알트리아, 암젠, IBM, 토탈, AT&T 등이 상위 보유 종목입니다. 2021년 배당수익률은 4.5%, 연수익률은 9.4%였습니다.

4%대 배당수익률에 주가 상승 수익까지 더해진다면 상당히 매

력적인 배당 ETF입니다. 보통 고배당 ETF라고 해서 배당수익률이 아주 높지는 않습니다. 미국의 대표적인 고배당 ETF인 VIG는 배당수익률이 연 1.6%입니다. 보통 우량주를 담으면 배당수익률이 낮아지고 중소형주, 신흥국 주식을 많이 담으면 배당수익률이 올라가지만 증시 하락기에 손실이 날 수 있습니다.

이번에는 좀 더 배당수익률이 높은 ETF를 알아볼까요? JEPI는 배당수익률이 연 7.2%이고, 1년간 주가는 12.4% 올랐습니다. 또한 배당금도 매달 말일에 지급됩니다. 배당금이 매달 1주당 0.4달러가량 들어오니 1만 주를 보유하면 매달 480만 원을 받게 됩니다. 대신 이 주식을 7억 5,000만 원어치 사야겠죠. 7억 5,000만 원만 있으면 매달 480만 원씩 받으니 경제적 자유를 누릴 수 있고, 주가 상승 이익도 볼 수 있습니다.

안정적인 배당수익률의 끝판왕은 커버드콜(Coverd-Call, 주식을 보유하면서 콜옵션을 팔아 리스크를 줄이는 것) 전략을 쓰는 QYLD ETF입니다.

QYLD는 나스닥100 지수를 추종하면서 커버드콜을 써서 연 11.5%의 배당수익률을 냅니다. 물론 커버드콜을 쓰기 때문에 큰

(출처 : 구글)

주가 상승을 기대할 수는 없지만 배당수익률이 높은 장점이 있습니다. 3억 원만 투자해도 매달 287만 원의 배당금을 받을 수 있으니 기본적인 배당수익이 필요할 경우 포트폴리오로 편성하기 좋습니다. 2014년부터 2021년까지 주가는 보통 22~26달러였고, 증시에 큰 충격이 오지 않는 한 안정적인 주가를 유지합니다. 주가가 박스권(일정한 폭에서 등락을 거듭하는 것)에 머물러 있을 때 가장 빛을 발합니다.

커버드콜은 주가가 상승하지 않으면 콜옵션 매도 수익률(얼마 이상으로 주가가 안 오르면 이익, 오르면 손해)을 얻고, 주가가 오르면 주가수익률을 얻습니다. 일반인이 하기에는 무리가 있지만 프로그램으로 거래하기 때문에 가장 최적화된 콜옵션으로 수익률을 극대화합니다. 물론 큰 하락 또는 큰 상승이 오면 손실이 날 가능성이 있습니다.

미국 부동산을 살 수 없다면?

인구 규모 세계 3위인 미국은 선진국이면서도 고령화에 들어서지 않은 젊은 국가입니다. 젊은 이민자들이 계속 유입되기 때문이죠. 그리고 미국은 콘크리트 주택이 아니라 대부분 마당에 목조주택을 짓고 살기 때문에 집의 수명도 짧습니다. 미국 부동산은 항상 수요가 넘치고 공급은 부족하다는 뜻이죠.

부족한 주택 수가 코로나19 이전인 2019년에는 384만 가구, 2021년에는 524만 가구였습니다. 주택 공급이 계속 늘고 있는데도 여전히 부족하다는 것입니다. 이것은 부동산 가격이 더 상승할 수 있다는 뜻입니다.

부동산 가격 상승은 임대료 상승으로 이어질 테니 미국 부동산도 꽤 좋은 투자처가 될 것입니다. 다만 미국의 부동산을 사기에는 우리의 돈과 영어 실력이 부족하고, 법률 검토에 따른 어려움도 있을 것입니다. 상황이 이렇기에, 미국 부동산 ETF에 투자하면 소액으로 수익을 얻을 수 있습니다.

가장 먼저 볼 것은 미국의 자산운용사 뱅가드의 부동산 ETF인 VNQ입니다. 리츠, 건물, 호텔 등에 투자하는 아메리칸 타워, 크라운캐슬, 에퀴닉스 등을 보유하고 있습니다. 2021년 연수익률은 34%, 배당수익률은 연 2.5%였습니다. 꽤 짭짤한 수익을 가져다준 ETF입니다.

HOMZ도 2021년 35%의 수익률을 올렸고 배당수익률도 연 2.4%를 기록했습니다. 주요 보유 종목은 홈디포, 퍼블릭 스토리지, 엑스트라 스페이스 스토리지, NVR, 로우스 등입니다. ETF마다 보유한 종목은 다르지만 수익률은 비슷한 수준입니다.

ETF를 떠나 본격적으로 직접투자를 하고 싶다면 가장 많이 보

(출처 : 네이버)

유한 종목들을 유심히 살펴볼 필요가 있습니다. 월스트리트 전문가들이 선택했다면 합리적인 이유가 있을 테니까요. HOMZ에서 눈여겨볼 것은 건물, 리츠뿐만 아니라 건설 소매업체 홈디포와 로우스를 포함했다는 점입니다. 부동산 시장이 활황일수록 동반 성장하는 기업들입니다.

배당수익률은 1.3%로 낮지만 앞으로 성장성이 무궁무진한 부동산 ETF도 있습니다. 데이터센터 투자로 85% 이상 매출을 올리는 기업들을 포함한 SRVR입니다. 주로 미국에 83%를 투자하고 스페인, 홍콩, 호주 등에도 투자하고 있습니다. 아메리칸 타워 15%, 에퀴닉스 15%, 크라운캐슬 14%를 보유하고 있습니다.

데이터센터 리츠인 에퀴닉스(EQIX) 주식을 사는 방법도 있습니

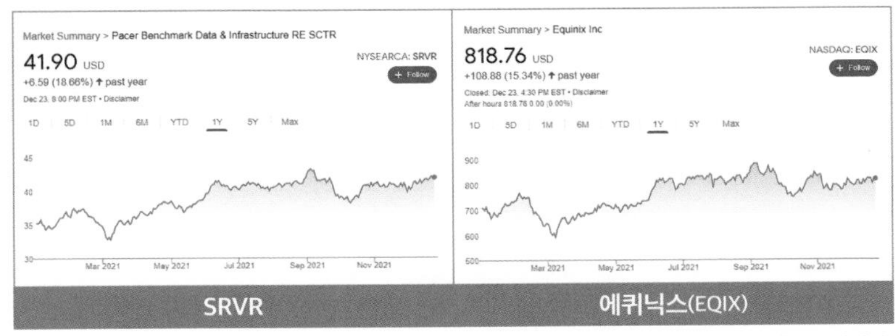

(출처 : 네이버)

다. 에퀴닉스는 전 세계 260여 개 데이터센터를 운영하고 있습니다. 우리나라 상암동 데이터센터도 에퀴닉스 소유이죠. 앞으로 인터넷 산업이 더 커지면 데이터를 저장할 공간이 필요합니다. 에퀴닉스의 배당수익률은 1.4%이고 주가는 연 15% 상승했습니다. 다만 에퀴닉스의 주가는 800달러로, 주식을 사기엔 부담스럽습니다. 1주만 사도 100만 원이 필요하죠. SRVR은 42달러로 우리 돈 5만 원이면 1주를 살 수 있으니 소액으로 투자할 수 있습니다.

당장은 데이터센터 리츠의 수익률이 일반 부동산 ETF보다 낮아 보이지만 앞으로 성장성은 더 밝습니다. 장기투자로 포트폴리오에 담아볼 만한 업종입니다.

친환경 시대 오를 종목

앞으로 중요성이 점점 커지는 만큼 세상의 돈도 친환경으로 몰릴 것입니다. 친환경 기업에 투자하는 ETF도 미래가 밝겠죠. ICLN은 세계 최대 자산운용사 블랙록의 ETF로 태양열, 수소, 풍력 등 재생에너지 기업에 투자하고 있습니다. 퍼스트솔라, 인페이즈에너지, 넥스트라에너지, 플러그파워, 베스타스윈드 등 전 세계 30개 기업으로 구성되어 있습니다. 미국 43%, 스페인 8%, 덴마크(베스타스윈드) 7%, 캐나다 6%, 이탈리아 5% 등 여러 국가에 걸쳐 고르

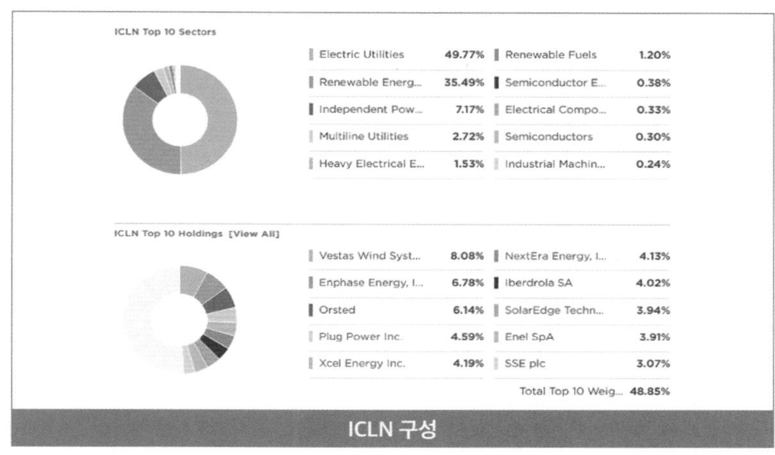

ICLN 구성

(출처 : ETF.com)

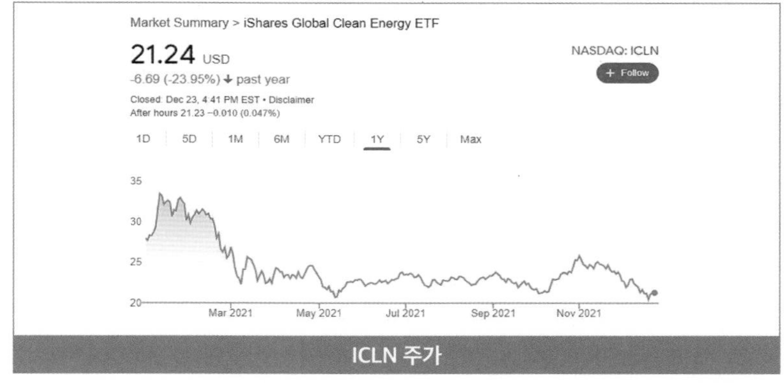

ICLN 주가

(출처 : 구글)

게 분포되어 있습니다.

다만 2021년 초 재생에너지 기업들의 주가가 크게 올랐던 시기

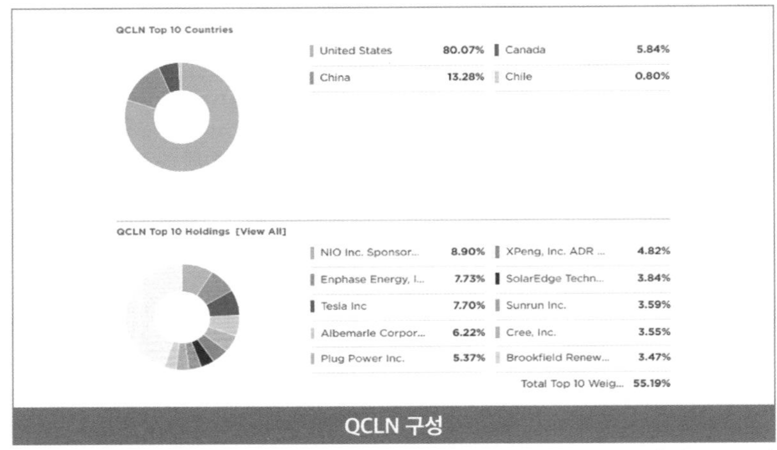

QCLN 구성

(출처 : ETF.com)

QCLN 주가

(출처 : 구글)

에 비해 지금은 정체된 상태입니다. 하지만 코로나19가 끝나고 유가가 오르면 재생에너지 기업들도 다시 제 가치를 발할 것입니다.

유가가 오르면 사람들이 새로운 에너지를 갈망하기 때문입니다.

QCLN은 나스닥에 상장한 친환경 에너지 기업을 주로 포함한 ETF로 미국 80%, 중국 13%, 캐나다 6%로 구성되어 있습니다. ICLN과 다른 점은 재생에너지뿐만 아니라 전기차 기업을 대거 포함했다는 것입니다. 니오 9%, 테슬라 8%, 샤오펑 5%를 보유하고 있죠. ICLN은 연초 대비 주가수익률이 -24%인 반면, QCLN은 테슬라의 주가 상승 덕분에 수익률이 -2%대로 선방했습니다.

ETF를 투자할 때는 주요 보유 종목이 무엇인지를 살펴봐야 합니다. ICLN은 재생에너지에 집중했고 QCLN은 재생에너지와 전기차 두 업종을 보유했기 때문에 수익률 차이가 컸습니다.

지금은 재생에너지의 분위기가 저조한 상태입니다. 2021년 하반기부터 경기 침체 우려가 있고, 코로나19가 끝나지 않아 국가들이 친환경 정책을 추진하는 데 적극적이지 않습니다. 미국 바이든 대통령이 추진한 사회 인프라 법안이 주춤하고, 중국 신장위구르 지역에서 생산한 제품을 미국에 수출하지 못하게 하는 법안이 통과되면서 태양광 핵심 재료인 폴리실리콘의 공급에 차질이 생겼기 때문입니다. 이러한 상황에서 가장 암울한 업종이 태양광입니다.

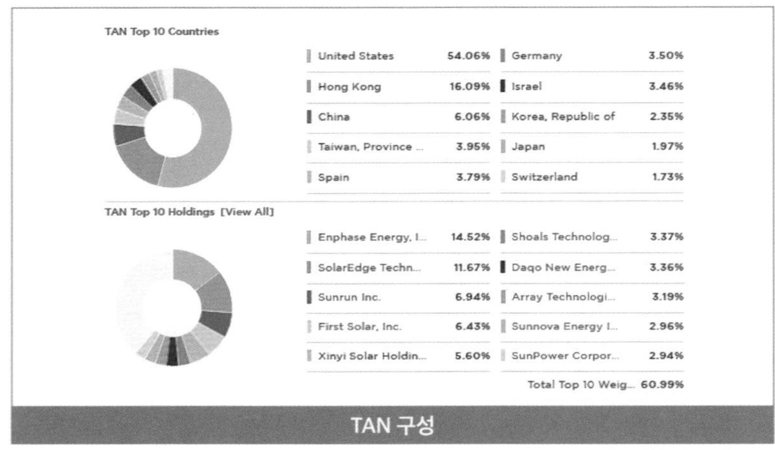

TAN 구성

(출처 : ETF.com)

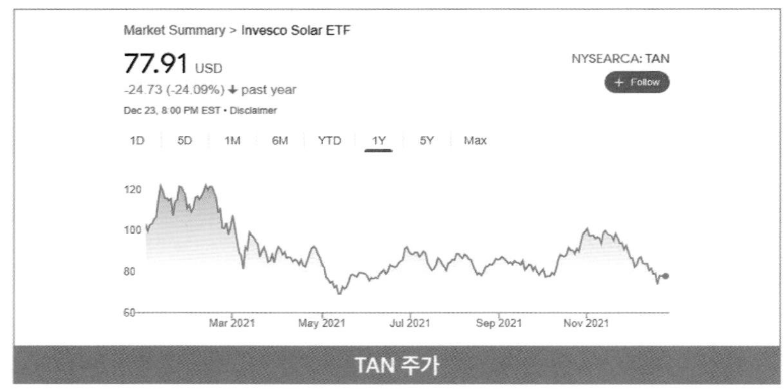

TAN 주가

(출처 : 구글)

하지만 바닥이 깊을수록 주가 상승률도 높겠죠? 태양광은 앞으로 계속 성장할 업종입니다.

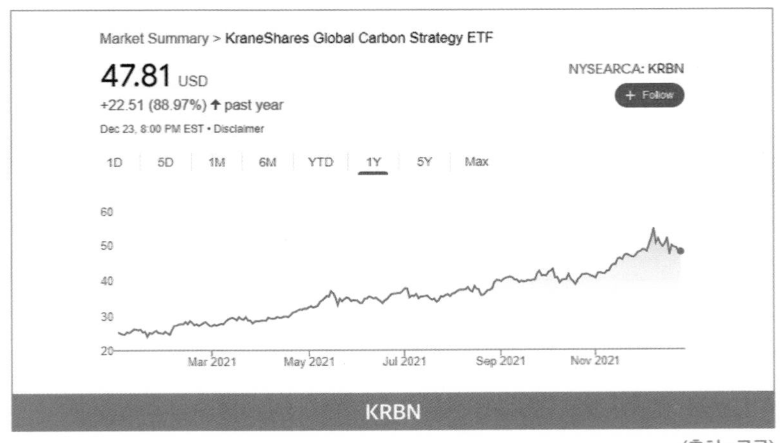

KRBN

(출처 : 구글)

태양광은 '폴리실리콘-잉곳-웨이퍼-셀-모듈'의 단계를 거쳐 완성됩니다. 개인적으로 선호하는 것은 폴리실리콘 단계에 투자하는 것이지만 태양광 시장이 커지면 전 단계가 성장합니다. 이 태양광 주식들을 모은 ETF가 인베스코 솔라 ETF인 TAN과 미래에셋이 인수한 글로벌X의 RAYS입니다.

TAN은 미국 54%, 홍콩 16%, 중국 6% 비중으로 투자하고 인페이즈에너지 14%, 솔라에지 12%, 선런 7%, 신의광능 5% 등으로 구성되어 있습니다. 재생에너지 주가가 그렇듯 태양광 ETF 주가도 연초 대비 24%가량 하락한 모습입니다.

친환경 업종에서 주가가 가장 많이 오른 ETF는 탄소배출권입니다. 최근 탄소배출권 선물거래 제도가 도입되면서 2020년 7월 탄소배출권 ETF가 등장했고 앞으로 가격 상승이 예상됩니다.

2050년 탄소 제로를 위해 각국, 업종, 기업별로 탄소를 배출할 수 있는 권리를 무상으로 제공하고 매년 그 양을 줄여나가는 것이 탄소배출권입니다. 보유한 권리보다 더 많은 탄소를 배출하면 누군가에게서 사와야 합니다. 반대로 공장 가동을 줄이거나 기술 개발을 통해 탄소 배출을 줄이면 그만큼 남은 탄소배출권을 팔아 수익을 낼 수 있습니다. 테슬라도 한동안 자동차에서는 적자를 봤지만 탄소배출권을 팔아 이익을 내는 구조였습니다.

투자할 수 있는 ETF로 KRBN(KraneShares Global Carbon)이 가장 대표적이고 국내에도 탄소배출권 지수를 추종하는 ETF가 있습니다. KRBN 주가는 2021년 한 해 동안 89% 올랐습니다. 앞으로 코로나19가 종료되고 경기가 활성화되어 공장 가동률, 석탄발전 가동률이 증가하면 탄소배출권 가격도 같이 상승할 것입니다.

전기차 시대 주목할 종목

전기차 시장은 빠르게 성장하고 있습니다. 2016년 전 세계의 전기차 보급량이 100만 대를 넘어섰는데 4년이 지난 2020년에는 700만 대에 육박합니다. 가장 큰 전기차 시장은 중국으로 판매량이 10년간 연 70%씩 성장하고 있습니다.

그럼 전기차를 만들어서 파는 기업과 내연기관 자동차와 전기차를 모두 판매하는 완성차 기업의 주가도 상승할 여력이 있습니다. 전기차 핵심 부품인 배터리 기업과 배터리의 핵심 재료인 리튬

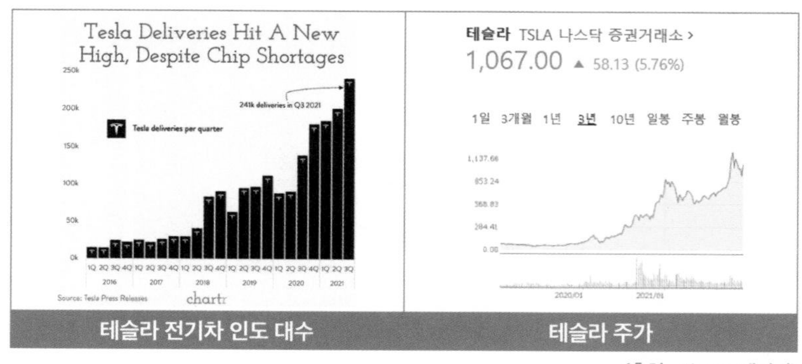

(출처 : Chartr, 네이버)

을 생산하는 기업도 주목할 만합니다.

대표적인 전기차 기업 테슬라는 2017년 전기차 인도 대수가 10만 대였으나 2020년에는 50만 대로 급성장했습니다. 2021년 3분기에는 3개월간 24만 대를 인도했으니 2022년에는 연간 100만 대를 훌쩍 뛰어넘을 전망입니다. 판매량이 계속 늘어나니 주가도 계속 쉬지 않고 상승하는 모습을 보여줍니다.

그렇다고 화성까지 가버린 테슬라 주가를 비싸게 사기는 두렵고, 전기차 관련주에 분산투자를 하는 것이 안전하다고 판단됩니다. 전기차 ETF로는 DRIV, IDRV, KARS가 있습니다.

DRIV는 글로벌X의 전기차 ETF로, 전기차 15개, 부품 30개, 자

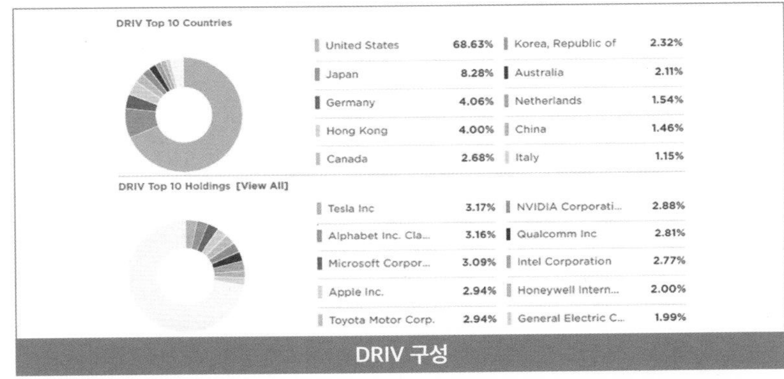
DRIV Top 10 Countries

Country	Weight	Country	Weight
United States	68.63%	Korea, Republic of	2.32%
Japan	8.28%	Australia	2.11%
Germany	4.06%	Netherlands	1.54%
Hong Kong	4.00%	China	1.46%
Canada	2.68%	Italy	1.15%

DRIV Top 10 Holdings [View All]

Holding	Weight	Holding	Weight
Tesla Inc	3.17%	NVIDIA Corporati...	2.88%
Alphabet Inc. Cla...	3.16%	Qualcomm Inc	2.81%
Microsoft Corpor...	3.09%	Intel Corporation	2.77%
Apple Inc.	2.94%	Honeywell Intern...	2.00%
Toyota Motor Corp.	2.94%	General Electric C...	1.99%

DRIV 구성

(출처 : ETF.com)

Market Summary > Global X Autonomous And Electric Vehicles ETF
30.31 USD
+6.62 (27.94%) ↑ past year
Closed: Dec 23, 4:05 PM EST • Disclaimer
After hours 30.39 +0.080 (0.26%)
NASDAQ: DRIV
+ Follow
1D 5D 1M 6M YTD 1Y 5Y Max
32 30 28 26 24 22
Mar 2021 May 2021 Jul 2021 Sep 2021 Nov 2021

DRIV 주가

(출처 : 구글)

율주행 30개 기업으로 구성되어 있습니다. 2021년 수익률이 28%에 이를 정도로 준수한 성과를 보여줍니다. 미국 68%, 일본 8%이고, 테슬라 3%, 구글 3%, 마이크로소프트 3%, 애플 3%, 토요타자

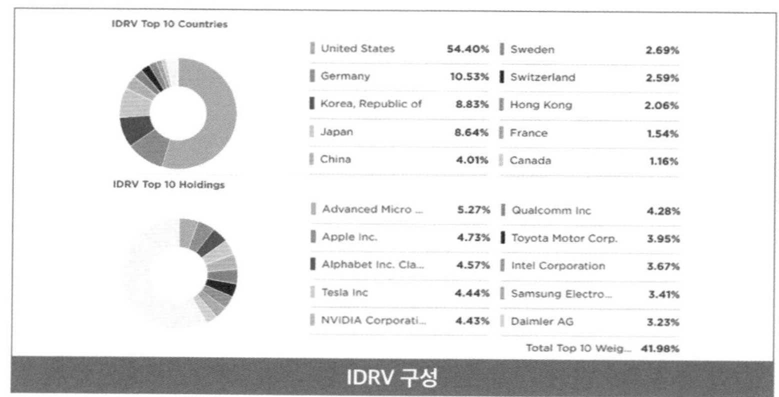

IDRV 구성

(출처 : ETF.com)

IDRV 주가

(출처 : 구글)

동차 3%, 엔비디아 3%, 퀄컴 3%로 각각 최대 3%씩 비중을 두었습니다. 구글, 마이크로소프트, 애플은 자율주행차의 주가가 많이 오르면서 수혜를 봤습니다. 부품 업체인 엔비디아와 퀄컴도 전기차와 자율주행차 시장이 커질수록 수혜를 보는 기업입니다.

IDRV은 블랙록의 전기차·배터리·자율주행 ETF입니다. 미국 54%, 독일 10%, 한국 9%, 일본 9% 비중으로 DRIV보다 전 세계적으로 골고루 분산된 모습입니다.

총 99개의 주식을 보유하고 있는데 대표적으로 AMD(어드벤스 마이크로 디바이스) 5%, 애플 5%, 구글 5%, 테슬라 4%, 엔비디아 4%, 퀄컴 4%, 토요타자동차 4%, 삼성전자 3%, 다임러 3%입니다. 우리나라 기업으로 삼성SDI, LG화학, 현대자동차도 포함되어 있습니다. 전반적으로 전기차 관련주라고 하지만 반도체와 완성차 기업 비중이 높은 편입니다. 2021년 주가수익률은 27%로 역시나 준수합니다.

KARS는 CICC(중국국제금융공사)에서 상장한 전기차·배터리·소재 ETF입니다. 중국 30%, 미국 30%, 홍콩 13%, 독일 8%, 일본 6%, 한국 5%로 전기차 ETF 중 미국 비중이 가장 낮고 중국 비중이 높습니다. 홍콩이라고 해도 홍콩 증시에 상장된 중국 기업이니 실제로 중국 비중이 43%라고 할 수 있습니다. 총 60개 기업으로 구성되어 있고 CATL(닝더스다이)이 5% 이상, 테슬라 5%, 니오 4%

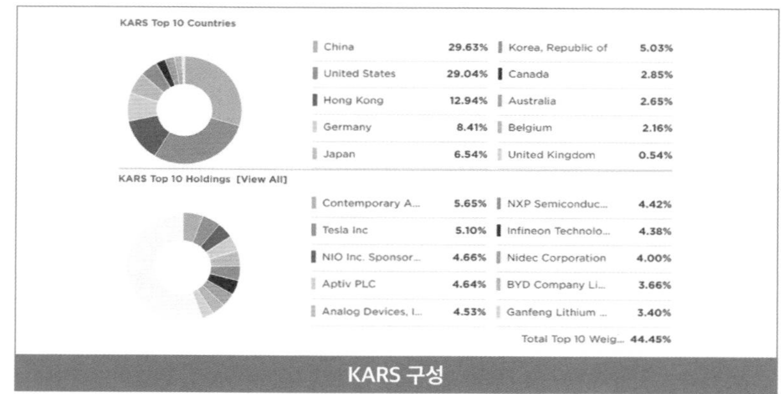

KARS 구성

(출처 : ETF.com)

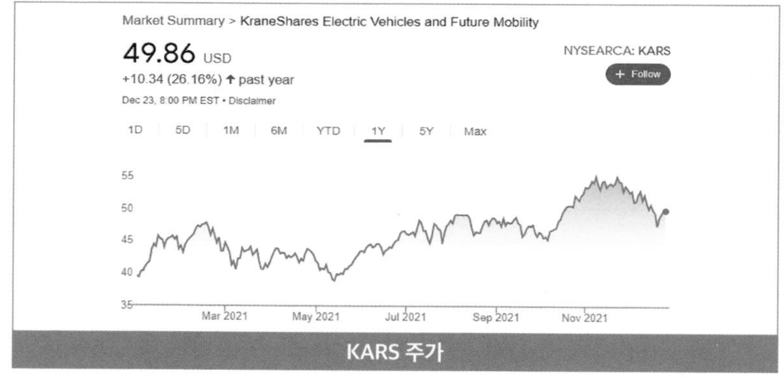

KARS 주가

(출처 : 구글)

입니다. 전기차 부품 회사인 앱티브, 독일 차량용 반도체 인피니온이 주력 종목으로 포함된 것도 인상적입니다.

ETF 구성 종목을 보면 우리가 생각하지 못했던 의외의 주식을 찾을 수 있습니다. 실제로 KARS의 연간 수익률은 26%였지만 구성 종목 중 하나인 네덜란드 반도체 기업 NXP의 수익률은 80%였습니다. 전기차 업종 내에서도 올해는 차량용 반도체 업종이 가장 돋보였습니다. ETF를 보면서 종목들의 주가 흐름도 같이 확인하면 돈의 흐름을 찾을 수 있습니다.

헬스케어 시대 상승할 종목

세계 경제가 가장 빠르게 성장한 시기는 1960~1990년대입니다. 이때 경제활동을 했던 50~80대가 세계의 부를 가장 많이 쥐고 있습니다. 부를 거머쥔 사람들이 나이가 들면서 관심사는 자연히 건강으로 옮겨갑니다. 건강을 위해서라면 돈을 아끼지 않죠. 노인들은 헬스케어 제품에는 언제든지 지갑을 열 것입니다. 품질만 보장된다면 말이죠.

그럼 신약과 좋은 의료기기를 개발하는 기업은 돈방석에 올라앉을 수 있습니다. 이미 신약을 개발한 기업들은 돈을 쓸어 담을 타이밍이죠. 그래서 장기투자로 헬스케어 ETF가 매우 유망합니다.

헬스케어의 양대 산맥은 XLV와 VHT입니다. S&P 헬스케어 섹터 지수를 추종하는 XLV는 제약, 의료기기, 서비스, 의료 테크 기업에 투자하고 있습니다. 미국이 100%이고 주요 기업은 유나이티드헬스 9%, 존슨앤존슨 8%, 화이자 6%, 써모피셔 사이언티픽 5%, 그 밖에 애보트, 애브비, 일라이릴리, 머크 등으로 구성되어 있습니다.

VHT는 뱅가드에서 만든 헬스케어 ETF로 XLV와 구성 종목이 거의 비슷합니다. 유나이티드헬스(UNH) 7%, 존슨앤존슨(JNJ) 7%, 화이자(PFE) 5%, 써모피셔 사이언티픽(TMO) 4% 등 비율은 약간

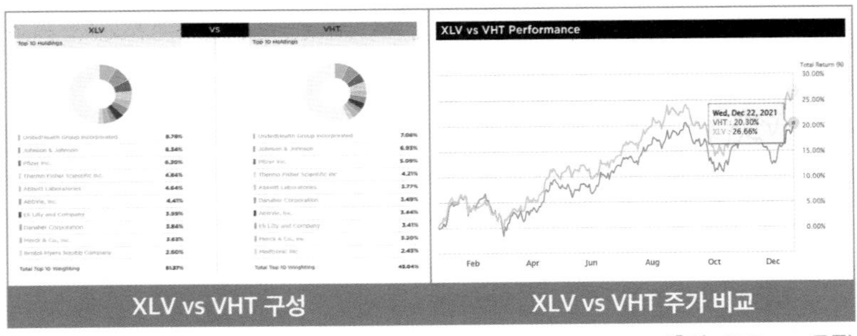

XLV vs VHT 구성　XLV vs VHT 주가 비교

(출처 : ETF.com, 구글)

낮지만 상위 구성 종목 순위는 거의 비슷합니다. 보유 비중이 10위인 메드트로닉(MDT)은 의료기기 세계 1위 기업입니다. 의료기기 3위 기업인 애보트(ABT)의 보유 비중이 더 높은 것을 보면 전문가들은 애보트의 성장세를 긍정적으로 전망한다고 볼 수 있습니다.

실제로 2021년 애보트는 20% 상승했고 메드트로닉은 10% 하락했습니다. 두 ETF가 가장 많이 보유한 유나이티드헬스는 2021년 한 해 동안 주가가 41% 상승했습니다. 시가총액이 554조 원으로 삼성전자보다 더 큰 기업인데도 주가가 40%나 오를 수 있었던 것은 그만큼 헬스케어 시장이 빠르게 성장하고 있다는 뜻입니다.

헬스케어 시장은 꾸준히 우상향하는 모습을 보여줍니다. 그래서 지수 2배를 추종하는 RXL 또는 3배를 추종하는 CURE에 투

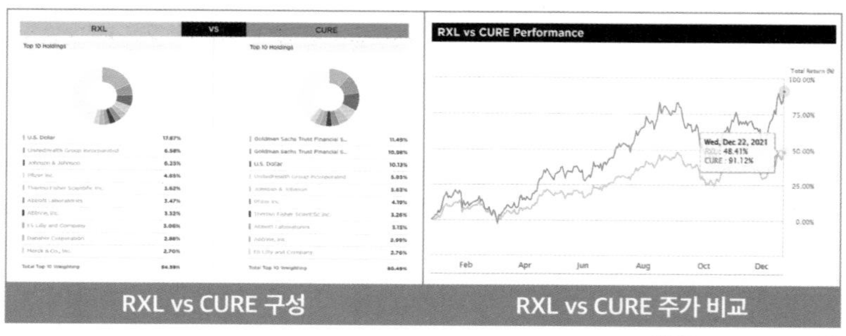

RXL vs CURE 구성 RXL vs CURE 주가 비교

(출처 : ETF.com, 구글)

자하는 사람들도 많습니다. 물론 권유하지는 않습니다. XLV는 연 0.1% 운용수수료를 내지만 2배, 3배는 연 1% 수수료를 냅니다.

2021년 RXL과 CURE 모두 수익률은 높았습니다. 지수를 1배 추종하는 ETF(XLV)가 20~26%의 수익을 낸 반면 2배 추종하는 RXL은 48%, 3배 추종하는 CURE는 91%의 수익을 올렸습니다. 2배, 3배 ETF의 구성 종목도 1배와 크게 차이 나지는 않지만 가장 특이할 만한 점은 현금을 보유하고 있다는 것입니다. RXL은 18%, CURE는 10%의 현금을 보유하고 있습니다. CURE은 채권을 22%나 보유하고 있는데, 극단적인 수익을 추구하다 보니 만약을 대비해 현금과 채권으로 여유금을 확보해둔 것입니다.

메타버스 시대 수익률 좋은 종목

메타버스 시대가 열렸으니 하루라도 빨리 메타버스 관련 주식을 사라고 합니다. 메타버스 시대가 과연 올까요? 아직은 메타버스를 실생활에서 체감할 수 없으니 의구심을 가지는 사람들이 많습니다. 하지만 대부분의 사람들이 경험하기 전이야말로 가장 좋은 투자 타이밍입니다.

대다수가 전기차를 타지 않을 때 전기차 주식을 산 사람들, 대다수가 비트코인을 모를 때 비트코인을 산 사람들은 돈을 벌었습니다. 대다수가 메타버스를 경험하지 못했을 때 관련 주식을 사둔다면 부자가 될 가능성이 크겠죠? 하지만 어떤 것이 메타버스 수혜주인지 알기 어렵습니다. 전문가들도 서로 의견이 다르고, 아직 초기이기 때문에 해당 기업이 계속 존속할지도 알 수 없습니다.

리스크가 있는 분야는 분산투자를 하는 것이 좋습니다. 전문가가 구성한 ETF에 투자하는 것이 그나마 손실을 줄이면서 앞으로 있을 대박의 기회를 잡는 방법입니다. 메타버스 ETF로는 META와 MTVR이 있습니다. META가 2021년 여름에 먼저 만들어졌고 MTVR이 가을에 만들어졌습니다.

수수료를 보면 META는 연 0.75%, MTVR은 연 0.7%로 꽤 높습니다. 인덱스 ETF는 연 0.2% 수준인데 이런 테마 펀드는 펀드매니

META 주가 MTVR 주가

(출처 : 구글)

저가 종목을 선정하고 교체하는 작업이 들어가기 때문에 수수료가 높은 편입니다. 그리고 수익률이 그다지 좋지 않습니다. META는 나스닥이 저점일 때 나와 수익권이고, MTVR은 나스닥이 고점일 때 나와 손실을 본 것입니다. 아직은 초기이므로 어떤 ETF가 더 좋다고 보기는 어렵습니다.

저라면 ETF에 투자하기보다는 ETF의 구성 종목을 보고 나만의

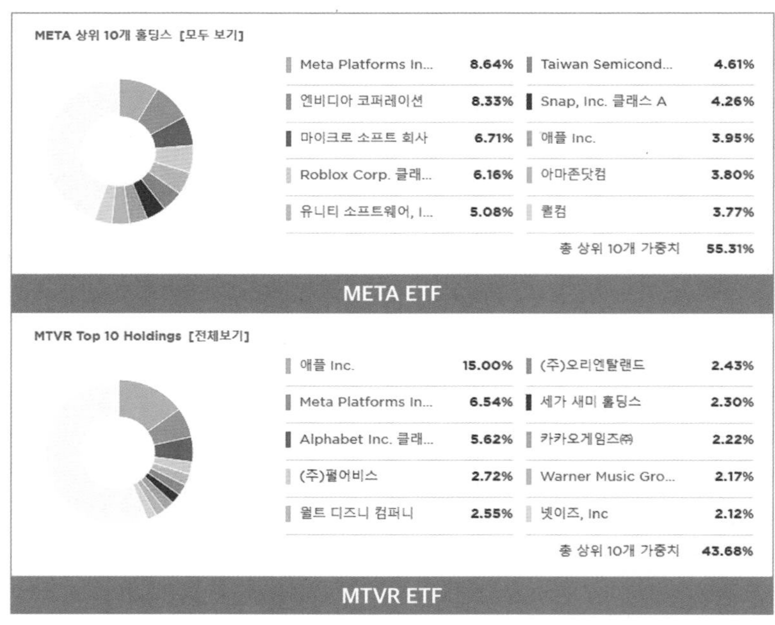

(출처 : ETF.com)

ETF를 만들어볼 겁니다. 관련 테마 ETF에서 공통된 종목은 담고, 괜찮은 종목을 추가하고 전망이 없는 종목은 배제해서 내가 원하는 기업들로 포트폴리오를 구성하는 겁니다. 이렇게 하려면 추가 계좌를 개설해 돈을 입금하고 비율을 정해서 사야 합니다.

하지만 구글 주식은 300만 원이 넘습니다. 구글 비중을 5%만 둬도 6,000만 원이 필요하겠죠? 그렇다면 소수점 거래가 가능한 증권사 앱을 사용하거나 ETF에 투자하는 것이 낫습니다.

그럼 두 ETF의 종목 구성을 봅시다. META는 엔비디아 10%, 로블록스 10%, 마이크로소프트 7%, 유니티소프트웨어 6%, 메타(페이스북) 6%, 그 밖에 텐센트, 퀄컴, 아마존, 오토데스크, TSMC(타이완 반도체 매뉴팩처링, TSM) 등을 보유하고 있습니다.

MTVR는 애플 12%, 메타(페이스북) 6%, 구글 5%, 그 밖에 씨(SEA, SE), 월트디즈니, 카카오게임즈, 유니티소프트웨어, 펄어비스, 워너뮤직, 오리엔탈랜드(도쿄디즈니)로 구성되어 있습니다.

메타버스라는 테마는 같지만 구성은 큰 차이를 보입니다. 공통된 종목은 메타(페이스북), 유니티소프트웨어 둘밖에 없습니다. 그럼 나만의 ETF에 두 종목을 포함합니다. 10개의 종목으로 나만의

ETF를 만든다면 8종목을 더 채워야 합니다.

두 ETF의 업종 구성을 보면 META는 반도체+게임+플랫폼+물리엔진+클라우드이고, MTVR은 플랫폼+게임+물리엔진+엔터테인먼트로 이루어져 있습니다. 공통된 업종은 게임, 플랫폼, 엔진입니다. 유니티소프트웨어가 3D그래픽을 위한 물리엔진이니 게임과 플랫폼을 담아야겠죠. 미국의 게임 회사 로블록스와 마이크로소프트, 동남아시아의 씨, 한국의 카카오게임즈를 담고, 플랫폼으로는 텐센트와 애플을 넣겠습니다.

이제 2종목만 더 채우면 됩니다. 메타버스는 그래픽이 중요하므로 그래픽카드를 만드는 엔비디아를 넣고, 나머지 하나는 엔터테인먼트 중 의외의 카드인 오리엔탈랜드(도쿄디즈니)를 추가하겠습니다. 디즈니랜드 하면 보통 미국을 생각하지만 도쿄디즈니는 단순한 놀이공원을 넘어 메타버스가 가능한 영상 수준과 규모를 자랑합니다. 주가도 꾸준히 상승하고 일본 내 인기가 꽤 높아서 지속적인 성장을 보여주고 있습니다.

이렇게 10개 종목으로 메타버스 ETF를 구성해서 투자하는 방법도 있습니다. 물론 가장 편한 방법은 META와 MTVR을 골고루

사는 것입니다. 하지만 ETF를 구성해보면서 직접투자에 대한 자신감과 종목을 고르는 안목을 높일 수 있습니다.

100만 동학개미를 위한 미국 ETF 검색법

미국 ETF에 투자하고 싶어도 어떤 ETF가 있는지 몰라서 망설이는 경우가 대부분입니다. 한국에서 유행하는 미국 ETF는 생각보다 많지 않습니다. 자신의 투자 스타일에 맞는 ETF를 고르면 초보자도 주식투자를 하기 쉬운데 제대로 설명되어 있는 곳이 없습니다. ETF 투자 관련 책을 사서 읽는다 해도 현재 시기에 맞지 않고 모든 내용이 다뤄지진 않기에 부족함을 느낍니다. 그래서 ETF 검색하는 방법을 공개하려고 합니다.

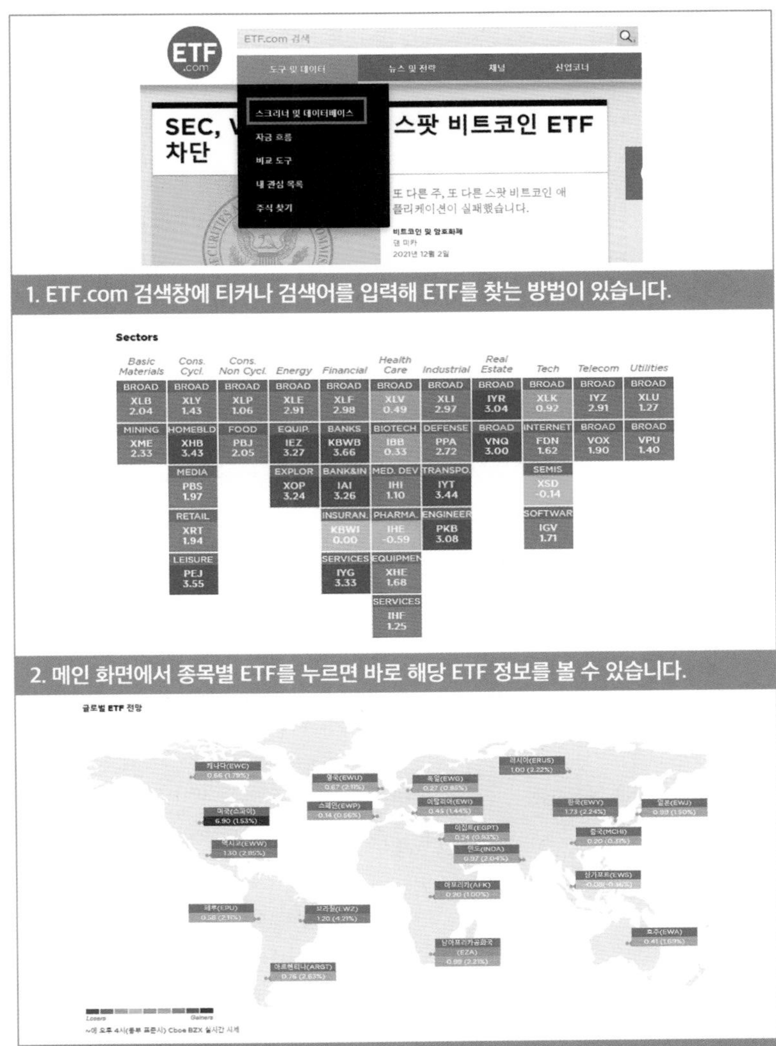

ETF
.com
ETF.com 검색
도구 및 데이터
뉴스 및 전략
채널
산업코너
스크리너 및 데이터베이스
자금 흐름
비교 도구
내 관심 목록
주식 찾기
SEC, V
차단
스팟 비트코인 ETF
또 다른 주, 또 다른 스팟 비트코인 애플리케이션이 실패했습니다.
비트코인 및 암호화폐
2021년 12월 2일
1. ETF.com 검색창에 티커나 검색어를 입력해 ETF를 찾는 방법이 있습니다.
Sectors
Basic Materials
Cons. Cycl.
Cons. Non Cycl.
Energy
Financial
Health Care
Industrial
Real Estate
Tech
Telecom
Utilities
BROAD XLB 2.04
BROAD XLY 1.43
BROAD XLP 1.06
BROAD XLE 2.91
BROAD XLF 2.98
BROAD XLV 0.49
BROAD XLI 2.97
BROAD IYR 3.04
BROAD XLK 0.92
BROAD IYZ 2.91
BROAD XLU 1.27
MINING XME 2.33
HOMEBLD XHB 3.43
FOOD PBJ 2.05
EQUIP. IEZ 3.27
BANKS KBWB 3.66
BIOTECH IBB 0.33
DEFENSE PPA 2.72
BROAD VNQ 3.00
INTERNET FDN 1.62
BROAD VOX 1.90
BROAD VPU 1.40
MEDIA PBS 1.97
EXPLOR XOP 3.24
BANK&IN IAI 3.26
MED. DEV IHI 1.10
TRANSPO. IYT 3.44
SEMIS XSD -0.14
RETAIL XRT 1.94
INSURAN. KBWI 0.00
PHARMA. IHE -0.59
ENGINEER PKB 3.08
SOFTWAR IGV 1.71
LEISURE PEJ 3.55
SERVICES IYG 3.33
EQUIPMEN XHE 1.68
SERVICES IHF 1.25
2. 메인 화면에서 종목별 ETF를 누르면 바로 해당 ETF 정보를 볼 수 있습니다.
글로벌 ETF 전망
캐나다(EWC) 0.66 (1.79%)
영국(EWU) 0.67 (2.11%)
독일(EWG) 0.27 (0.85%)
러시아(ERUS) 1.00 (2.22%)
미국(스파이) 6.90 (1.53%)
스페인(EWP) 0.14 (0.56%)
이탈리아(EWI) 0.45 (1.44%)
한국(EWY) 1.73 (2.24%)
일본(EWJ) 0.99 (1.50%)
이집트(EGPT)
중국(MCHI)
멕시코(EWW) 1.30 (2.85%)
인도(INDA) 0.97 (2.04%)
싱가포르(EWS)
아프리카(AFK) 0.20 (1.00%)
페루(EPU) 0.58 (2.16%)
브라질(EWZ) 1.20 (4.21%)
호주(EWA)
남아프리카공화국 (EZA)
아르헨티나(ARGT) 0.76 (2.83%)
Losers
Gainers
~에 오후 4시(동부 표준시) Cboe BZX 실시간 시세
3. 대륙, 국가를 누르면 해당 국가의 지수에 투자하는 ETF 정보를 볼 수 있습니다.

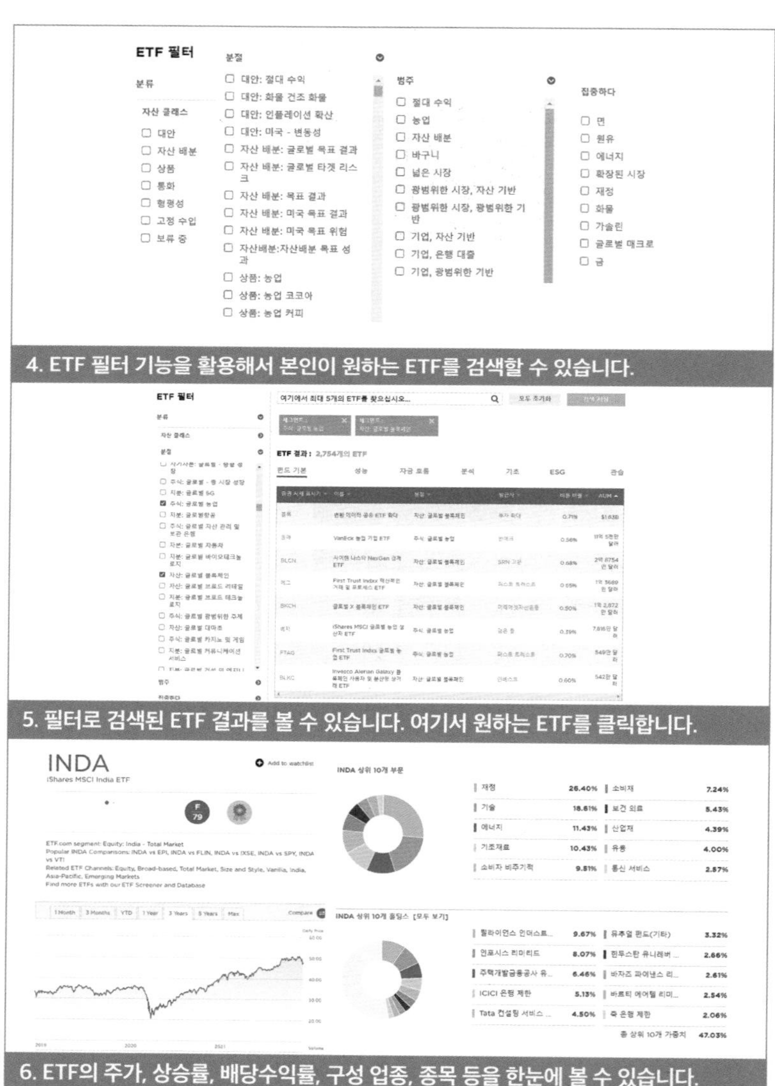

4. ETF 필터 기능을 활용해서 본인이 원하는 ETF를 검색할 수 있습니다.

5. 필터로 검색된 ETF 결과를 볼 수 있습니다. 여기서 원하는 ETF를 클릭합니다.

6. ETF의 주가, 상승률, 배당수익률, 구성 업종, 종목 등을 한눈에 볼 수 있습니다.

ETF.com을 활용하면 원하는 정보를 빠르게 볼 수 있습니다. 비슷한 업종에 투자하는 ETF를 비교해보면서 수수료가 저렴하거나 배당수익률과 투자수익률이 좋은 ETF를 고르면 됩니다.

3장

앞으로 오를 미국주식

인플레에 강한 미국주식

주식투자에 성공하는 방법은 가장 높은 확률에 투자하는 것입니다. 예를 들어 사과는 아래로 떨어진다, 물은 강에서 바다로 흘러간다 등 당연한 이치를 생각해봅시다. 물가는 계속 오릅니다. 주식, 부동산 등 자산 가격도 물가 상승에 맞춰 장기적으로 계속 올라갑니다. 이것을 인플레이션이라고 합니다.

인플레이션이 일어나는 이유는 금이 기축통화로서 힘을 잃었기 때문입니다. 금은 수만 년간 화폐 역할을 해왔습니다. 금은 채굴이 어려워 생산 속도가 느립니다. 하지만 녹이 슬거나 무게가 줄어들지 않기 때문에 당시 보관 기술로는 최고의 화폐였습니다. 그런데 유럽이 신대륙을 발견하고 금을 캐내기 시작하면서 가치가 뚝 떨어졌습니다. 이후 제1차, 2차 세계대전 중에 무기를 사들이면서 유럽의 금이 대부분 미국으로 넘어갔습니다.

그러자 미국은 이런 제안을 했죠. 우리를 제외하고 다른 나라들은 금이 없어 거래를 하기 어려우니 미국이 보유한 금만큼 달러를 발행하겠다고 말입니다. 달러를 세계 공용화폐인 기축통화로 정하자는 것입니다. 전쟁 직후 황폐한 환경에 처한 데다 식민지까지 잃은 나라들은 미국이 정한 기준을 따를 수밖에 없었습니다.

이후 미국과 소련을 중심으로 냉전시대에 돌입했고, 한국전쟁과 베트남전쟁이 일어났습니다. 미국은 냉전시대에 패권을 유지하기 위해 베트남전쟁에 엄청난 군대와 물자를 쏟아부었습니다. 금방 끝날 줄 알았던 전쟁이 15년간 이어지면서 미국은 엄청난 군사비용을 지출했습니다. 게다가 상당한 무역적자가 이어지고 있었죠. 냉전시대에 동맹국을 늘리기 위해 무리하게 지원에 나섰기 때문입니다. 그로 인해 동맹국의 경제는 빠르게 성장했지만 미국의 달러는 급속도로 소모되었습니다.

급기야 달러가 바닥나자 미국은 이제 달러를 가져와도 금과 교환해줄 수 없다고 선언했습니다. 엄청난 충격과 함께 미국의 패권주의가 끝나는 줄 알았습니다. 하지만 중동전쟁으로 오일쇼크가 터지면서 오일머니가 영란은행과 뉴욕 연방준비은행에 예치되었습니다. 이제 금 없이도 오일로 달러가 순환되는 것이었죠.

문제는 금본위제와 같은 고정환율이 아니라 미국이 찍어내는 달러로 움직이기 때문에 화폐가치가 계속 떨어진다는 것이었습니다. 미국은 계속 달러를 찍어내서 무역적자를 보존합니다. 다른 나라들은 미국과의 무역에서 벌어들인 돈으로 다시 미국 채권을 사는 방식으로 환율을 방어합니다. 하지만 미국이 달러를 계속 찍어내면서 인플레가 발생했습니다.

미국이 금본위제를 포기한 1970년대 이후부터 인플레 상승률은 급격하게 올라갔습니다. 인플레를 멈추려면 달러가 기축통화의 지위에서 내려오고 다시 금본위제로 돌아가야 합니다. 그런데 웬만해서는 이런 일이 일어나기 어렵죠. 그래서 인플레는 계속 일어난다고 생각하는 것이 좋습니다.

인플레가 일어나면 많은 기업들이 어려움에 처합니다. 예를 들어 중국산 공산품을 950원 주고 사와서 1,000원에 판다고 하면 5%의 마진을 보는 것입니다. 그런데 유가가 오르면서 플라스틱 가격도 올라서 중국산 공산품을 1,050원에 사온다면 가격을 1,100원으로 올려야 50원의 마진을 유지할 수 있습니다.

그런데 천냥마트에서 1,100원짜리를 사기는 부담스럽습니다. 더구나 심각한 불황기에 사람들은 지갑을 열려고 하지 않습니다. 평소 1,000원일 때는 500개 팔리던 것이 1,100원이 되니 100개밖에 안 팔립니다. 매출이 떨어지면 재고가 쌓이고 물류비가 증가합니다. 그래서 어쩔 수 없이 손해를 보더라도 당분간 1,000원에 팔기로 합니다. 50원씩 손해를 보면서 말이죠. 가격을 인상할 힘이 없는 기업은 인플레가 일어나면 이익이 줄어듭니다.

고객도 마찬가지죠. 물가가 많이 오르면 마트에 가서 장을 볼 때부터 피부로 느낍니다. 10만 원으로 카트에 담을 수 있는 물건의 부피가 확 줄어듭니다. 월급이 올라서 돈을 더 쓸 수 있다면 모르지만 보통 월급은 물가만큼 오르지 않으니 당장 소비를 줄일 수밖에 없습니다.

그럼 이제 장바구니에서 어떤 물건을 빼게 될까요? 꼭 필요한 물건은 남기고 덜 필요한 것부터 줄입니다. 라면, 빵, 쌀은 가격이 올라도 사야 할 것이고, 장난감, 가전제품, 자동차는 당장 필요한 것이 아니니 구입을 최대한 미룰 겁니다. 그래서 경기가 안 좋을 때 정부는 개별소비세를 감면하는 방식으로 가전제품이나 자동차 소비를 유도합니다. 그러지 않으면 기업들이 큰 적자를 보니까요.

반대로 경기가 호황이면서 인플레가 오면 어떻게 될까요? 월급이 오르고, 보너스도 두둑하고, 집값도 오르고, 주식도 올라서 돈이 넘쳐나는 듯합니다. 아반테 사려다 소나타 사고, 냉장고에 건조기까지 들이면서 소비가 늘어납니다. 제품 가격이 올라도 지갑을 여는 데 두려움이 없습니다. 지금의 호황이 영원히 이어지고, 돈도 계속 넘쳐날 것만 같습니다. 경기 호황에 인플레가 오면 기업의 이익이 늘어나지만 불황에는 부정적인 요인이 됩니다.

그렇다면 인플레 시대에 어떤 기업이 돈을 벌 수 있을까요? 호황기에는 정유, 화학, 가전, 자동차, 건설, 은행, 휴대폰, 화장품 등 경기민감주들이 오릅니다. 보통 이 시기에는 눈감고 주식을 사도 오르죠. 주변에 전문가들이 넘쳐납니다. 주식을 안 하면 바보라는 소리를 듣는 시기입니다.

반대로 경기 불황에 인플레가 나타나면 오를 수 있는 주식이 많지 않습니다. 불황이라도 돈을 쓰는 제품과 서비스에 투자해야 합니다. 라면, 빵, 식품은 소비를 줄이기 어렵습니다. 게다가 외식보다 집에서 조리해 먹는 것이 더 싸죠. 그래서 식품주는 인플레 시기에 크게 성장합니다.

식료품 체인점을 운영하는 미국의 크로거(KR)는 인플레에 강한 기업입니다. 미국 전역에 4,000개가 넘는 중형급 슈퍼마켓을 운영하고 있습니다. 미국은 슈퍼마켓 안에 약국도 보유하고 있습니다. 노인 인구가 늘어남에 따라 건강에 대한 관심도 높아지면서 약국의 판매와 수익도 늘어납니다. 인플레 투자의 귀재 워런 버핏이 2021년부터 투자한 기업이 크로거와 코스트코(COST)입니다.

인플레 상황에는 대형마트도 유리합니다. 장바구니가 가벼워지기 때문에 집에서 멀더라도 물건이 저렴한 대형마트로 사람들이 몰립니다. 그중 대표적인 인플레 파이터가 코스트코입니다. 코스트코는 회원제로 운영되는데, 고객에게 걷은 연회비로 물건을 직매입합니다. 우리나라 마트는 제품이 팔리지 않으면 제조사에 반

버핏이 투자한 기업

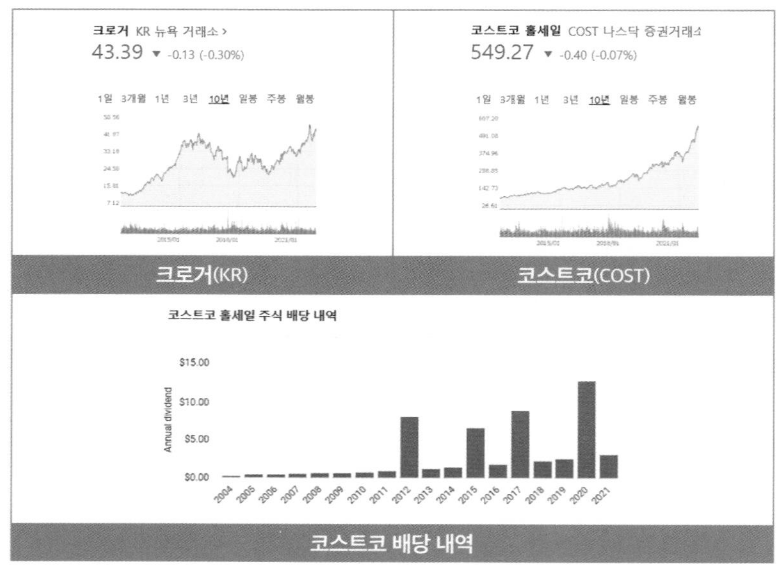

크로거(KR)

코스트코(COST)

코스트코 배당 내역

(출처 : 네이버)

품합니다. 그래서 제조사는 반품까지 계산해서 제품 가격을 정합니다. 반면 코스트코는 매절로 살 테니 싸게 팔라고 합니다. 회원들에게 받은 연회비로 자기 돈을 크게 들이지 않고 제품을 저렴하게 매입할 수 있습니다. 고객들은 연회비를 냈기 때문에 열심히 코스트코에서 소비합니다. 연회비만큼 이용해야 손해를 보지 않는다고 생각하는 것이죠.

현재 우리나라 코스트코는 현대카드만 결제가 가능합니다. 여러 회사의 카드를 받으면 PG(Payment Gateway)사를 거쳐야 하는데 이때 수수료가 발생합니다. 그 수수료조차 아끼기 위해 카드사를 한 곳만 연결하는 것입니다. 고객은 불편해도 가장 저렴한 코스트코를 계속 이용합니다. 물가가 오를수록 코스트코는 더 유리하겠죠. 고객이 코스트코로 몰릴수록 다른 경쟁사는 이익이 줄고 문을 닫게 됩니다. 그럼 코스트코는 더 유리해집니다. 물이 위에서 아래로 흐르듯이 말이죠.

대부분의 제품들은 여러 단계를 거쳐 완성됩니다. 앞으로 불황이 오든 호황이 오든 전기차 시장은 성장할 겁니다. 전기차도 마찬가지로 여러 단계를 거쳐 만들어집니다. 전기차의 핵심은 배터리입니다. 배터리는 다시 양극재와 음극재, 전해질로 구성됩니다. 배터리 가격의 60%를 차지하는 양극재는 보통 리튬, 니켈, 망간, 코발트, 알루미늄 등으로 만들어집니다. '리튬, 니켈, 코발트 등의 광물 → 양극재 → 배터리 → 전기차 → 고객'으로 가치사슬이 형성됩니다. 물가가 올랐을 때 가장 유리한 기업은 광물업체와 전기차 업체이고, 가장 불리한 기업은 양극재와 배터리 업체입니다.

광물 기업은 자체 광산을 보유하고 있기 때문에 임금, 물류비용을 제외하면 물가 상승 요소가 없습니다. 주로 수요와 공급에 따라 가격의 영향이 크죠. 광물 가격이 오르면 양극재 업체는 재료비가 올랐으니 판매 가격도 올려야 합니다. 그런데 배터리 업체가 양극재 업체보다 우위에 있으면 가격 인상이 어렵습니다. 배터리 업체도 전기차 업체가 더 우위에 있으면 양극재 가격이 올라도 배터리 가격을 올리기 어렵습니다. 그래서 가치사슬의 중간에 놓인 업체들은 이익이 급감할 우려가 항상 있습니다. 그래서 워런 버핏은 광물업체와 같이 가치사슬의 시작 단계에 있는 기업이나 고객을 직접 대하는 전방 산업에 투자합니다.

전기차 업체도 가격을 올리고 싶은데 고객은 오른 가격으로 사지 않을 가능성이 높습니다. 그런데 워런 버핏은 왜 전방 기업에 투자할까요? 시장점유율 1위이거나 브랜드 가치가 높은 기업은 가격을 올릴 수 있기 때문입니다. 예를 들어 라면과 빵은 시장점유율 1위 기업이 먼저 가격을 올립니다. 그럼 나머지 업체들도 못 이기는 척 따라 올리죠. 1위 기업은 올리지 않았는데 2, 3등 기업이 가격을 올리면 고객들은 1위 기업으로 더 쏠릴 겁니다. 1위 기업은 생산량이 많기 때문에 재료도 다른 업체들보다 훨씬 많이 사들입니다. 규모의 경제가 적용되어 100개를 살 때보다 1,000개를 살 때 단가가 더 낮아집니다. 매출이 높은 기업은 재료 가격을 낮추니 마진이 늘어날 수밖에 없습니다. 인플레 상황에서 경쟁사보다 유리한 조건에 놓인 것이죠.

브랜드 가치가 높은 기업은 인플레에 유리합니다. 스타벅스는 커피 가격을 300원 올려도 판매량에 큰 영향이 없습니다. 사람들은 스타벅스 자체를 선호하기 때문입니다. 애플이나 테슬라가 가격을 올려도 사람들은 큰 거부감을 느끼지 않습니다. 인플레는 기업이나 고객 모두에게 힘든 상황이지만 인플레를 이겨내는 기업은 오히려 홀로 성장합니다. 마라톤에서 오르막길이 나오면 모든 선수들은 달리는 속도가 느려집니다. 그런데 이 오르막에서 속도를 올리면 다른 선수들을 앞지를 수 있습니다.

2022년은 인플레 우려가 큰 이슈 중 하나입니다. 첫째, 불황에도 판매량이 끄떡없는 업종. 둘째, 인플레가 더 유리한 사업구조. 셋째, 시장점유율 1위 기업. 넷째, 브랜드 가치가 높은 기업에 투자하면 수익을 올릴 수 있을 겁니다.

3억 원 투자로 월 300만 원 버는 고배당 주식

미국주식에 투자하는 이유 중 하나는 배당이 우수하기 때문입니다. 미국 국민 중 상당수가 퇴직연금으로 주식을 선택했고, 주식 배당금으로 연금을 받는 사람들이 많습니다. 배당금이 줄거나 끊기면 생활비를 마련하기 위해 주식을 팔아야겠죠? 주식을 팔면 주가가 떨어지니 CEO의 성과급도 줄어듭니다. 그래서 CEO들은 가급적 배당을 해서 주가를 끌어올리려고 합니다. 주주를 위한다고 하지만 사실은 자신을 위한 것이죠. 서로의 이익이 맞아떨어지기 때문에 미국에는 고배당주가 많습니다.

좋은 고배당주란 배당금이 줄거나 끊기지 않는 것입니다. 배당주에 투자하는 목적이 주가 상승보다는 안정적인 생활비 확보에 있기 때문입니다. 배당금이 꾸준히 늘어나면 매년 생활비도 꾸준히 늘어나니 노후 대비 투자로 좋습니다.

배당금이 꾸준히 늘어나려면 기업은 불황에도 실적이 상승해야 합니다. 불황에도 매출과 이익이 늘어나는 기업은 많지 않죠. 이런 기업을 찾았다면 배당수익률과 그동안 배당금이 꾸준히 늘었는지 확인합니다.

배당수익률이 높으면 적은 돈으로도 많은 배당금을 받을 수 있습니다. 예를 들어 배당수익률이 연 8%인 주식에 3억 원을 투자하면 연 2,400만 원, 월 200만 원의 생활비를 받을 수 있습니다. 연 4%는 월 100만 원, 연 2%는 월 50만 원으로 생활비가 줄어듭니다. 그래서 배당수익률이 중요합니다. 하지만 배당수익률이 높은 기업은 대개 성장성이 떨어지는 경우가 많습니다. 매출과 이익이 꾸준히 증가하지 못한 기업은 주가가 낮고 상대적으로 배당수익률이 높은 것이죠.

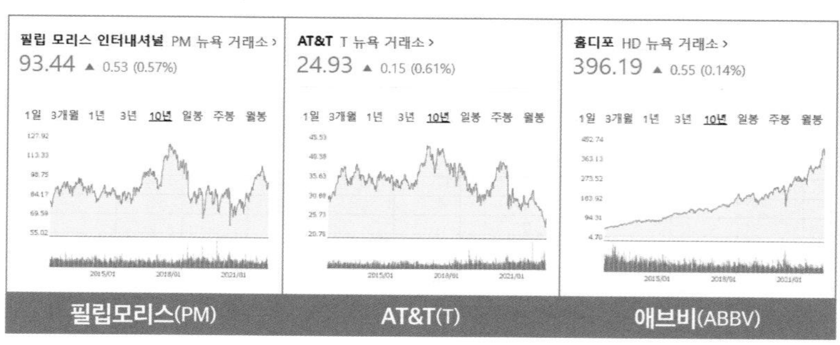

(출처 : 네이버)

나이대에 따라 배당주 투자 전략은 2가지로 나뉩니다. 당장 연금이 필요하다면 고배당주에 투자해야 합니다. 대표적으로 배당수익률 연 5.4%인 필립모리스가 있습니다. 담배 사업은 성장성이 크지는 않지만 매출과 이익이 꾸준히 늘고 배당수익률이 높습니다. 브리티시 아메리칸 토바코(BTI)는 배당수익률이 연 8%가 넘습니다.

통신회사 AT&T는 안정적인 사업구조이지만 성장성이 떨어집니다. 주가도 하락 추세를 보이지만 배당수익률은 연 8.4%로 매력적입니다. 제약회사 애브비는 매출과 이익이 꾸준히 늘어나고 노인 인구가 증가함에 따라 성장성도 있는 기업입니다. 더구나 배당수익률이 연 4.3%로 배당금도 매년 늘어나고 있습니다.

나이가 젊다면 당장 배당수익률이 높지는 않지만 앞으로 배당금이 빠르게 늘어날 것으로 기대되는 배당성장주에 투자하는 방법이 있습니다. 스타벅스 배당금은 1.2달러 → 1.44달러 → 1.64달러 → 1.8달러 → 1.96달러로 매년 13%씩 증가하고 있습니다. 현재 주가는 115달러이고 배당수익률은 1.8%인데, 이 속도를 유지한다면 20년 뒤에는 배당금으로 연 22달러를 받을 것입니다. 115달러에 사서 22달러의 배당금을 받으니 20년 후 배당수익률이 연 20%가 되는 것이죠.

당장 배당수익률이 높은 주식이 아니라 앞으로 배당수익률이 높아질 주식에 투자해야 합니다. 이런 기업은 배당금만 증가한 것이 아니라 매출과 이익도 늘었습니다. 10년 전 스타벅스 주가는 23달러 수준으로 주가가 4배 넘게 올랐습니다.

홈디포는 미국에서 건설자재를 유통하는 마트입니다. 미국은 주로 목조주택을 많이 짓고 웬만한 집수리는 직접 하기 때문에 개인이 건설자재를 사는 경우가 많습니다. 건설자재가 저렴하고 다양하게 비교해볼 수 있는 홈디포는 미국의 특성에 잘 맞는 기업입니다. 매출과 이익이 꾸준히 증가하고 배당금이 2018년 4.12달러에서 2021년 6.6달러로 약 50% 증가했습니다.

미국은 코로나19 이전인 2019년에 부족한 주택 수가 약 300만 채였는데 이후에는 약 500만 채로 여전히 부족한 상태입니다. 주로 목조주택이어서 집의 수명이 길지 않은 탓입니다. 그래서 미국의 건설시장은 한동안 성장세를 보일 겁니다.

글로벌 농산물 기업 아처 대니얼스 미들랜드는 종자와 농산물 가공식품을 주로 생산합니다. 이 기업의 주가는 10년간 2배 상승했고, 배당금도 9년 만에 2배 증가했습니다. 홈디포보다는 상승률이 낮지만 이 기업에 주목하는 이유는, 이상기후가 심각해짐에 따라 농작물 수확량이 감소하고 인플레로 인해 농산물 가격이 빠르게 오르고 있기 때문입니다. 그동안 농산물 가격이 크게 오르지 않

홈디포(HD) 아처 대니얼스 미들랜드(ADM)

(출처 : 네이버)

았는데도 성장을 보였으니 앞으로 주가 상승과 배당금 증가를 기대해볼 수 있습니다.

그 밖에 글로벌 농산물 기업으로 번지(BG)와 카길이 있습니다. 카길은 비상장 회사이기 때문에 아처 대니얼스 미들랜드와 번지를 통해 농산물에 투자할 수 있습니다.

미국은 배당금을 몇 년 동안 계속 지급했는가에 따라 등급을 나눕니다. 배당 챔피언은 10년간 배당금을 꾸준히 늘린 기업입니다.

25년 이상 배당금을 꾸준히 늘린 기업을 배당귀족주라고 합니다. 건설 장비 세계 1위인 캐터필러(CAT, 배당수익률 2.2%), 월 배당주로 유명한 부동산 기업 리얼티인컴(O, 4.3%), 통신회사 AT&T(T, 8.4%), 석유회사 엑슨모빌(XOM, 5.8%), 셰브론(CVX, 4.6%)이 배당귀족주에 해당합니다. 50년 이상 배당금을 꾸준히 늘린 기업은 배당킹이라고 부릅니다. 산업재를 파는 3M(MMM, 3.4%)이나 담배와 주류를 파는 알트리아그룹(MO, 7.7%), 생필품을 파는 P&G(PG, 2.2%) 등이 배당킹에 속합니다.

미국주식 투자 성공 시크릿

우리나라는 수출 중심 국가로 반도체, 자동차, 조선, 건설, 디스플레이 등의 산업에서 외화를 벌어들입니다. 그런데 이 업종들은 경기가 좋을 때는 잘 팔리고 경기가 나쁠 때는 잘 안 팔립니다. 이것이 대한민국 경제가 글로벌 경제의 영향을 크게 받는 이유입니다. 코스피도 올랐다 내렸다 반복하는 것이죠.

우리나라 인구 5,000만 명으로는 먹거리, 서비스 등 국내에서 주로 소비하는 내수 산업 성장에 한계가 있습니다. 반면 중국은 약

15억 명이고, 일본만 해도 1억 명이 넘습니다. 경제학적으로 인구가 1억이 넘어야 내수시장이 유지됩니다. 그래서 우리나라 내수 업종은 주가가 잘 오르지 않습니다.

그런데 미국은 다릅니다. 세계 무역의 중심인 미국은 무역, 금융, 문화의 허브로서 글로벌 브랜드가 많습니다. 예를 들어 미국 내에서 유명했던 쉐이크쉑 버거가 한국에 들어오자마자 인기를 끌었고, 미국의 영화 구독 서비스인 넷플릭스와 디즈니플러스는 순식간에 전 세계로 진출했습니다. 3억 명이 넘는 인구로 내수 경제가 충분히 돌아가는데도 전 세계로 수출까지 되고 있으니 다른 나라의 내수 산업은 더 불리해집니다.

우리나라는 자동차, 반도체, 선박, 전자제품을 팔아서 외화를 벌어오면, 맥도날드, 도미노피자, 코카콜라, 넷플릭스, 유튜브, 아이폰, 테슬라를 사면서 외화를 미국으로 보냅니다. 보통 마트는 현지의 대기업이 유통을 장악하는데 미국의 코스트코는 한국에 진출해 연간 4조 원이 넘는 매출을 올리고 있습니다.

이것은 우리나라뿐만 아니라 전 세계적인 현상입니다. 다른 나라들도 미국에 물건을 열심히 수출하면서 동시에 미국의 브랜드를 열심히 소비하고 있습니다. 그렇기 때문에 무역이 유지되고 미국으로 세상의 돈이 꾸준히 몰리는 것입니다.

그런 점에서 볼 때 한국주식 투자 전략과 미국주식 투자 전략은 달라야 합니다. 미국주식은 장기 우상향하는 글로벌 기업에 투자하는 것이 유리합니다. 워런 버핏이 말하는 경제적 해자가 높은 기업들이죠. 강력한 브랜드와 가격 경쟁력을 바탕으로 매출과 이익이 꾸준히 상승하고, 불황을 타지 않으면서 독점적인 지위를 누리는 업종입니다. 예를 들어 코카콜라, 스타벅스, 애플, 코스트코 등이 있습니다.

반대로 한국에서는 이런 기업을 찾기가 꽤 어렵습니다. 불황을 잘 타는 수출 중심 국가에서 매출과 이익이 꾸준히 늘어나기란 어려운 일이고, 강력한 브랜드를 가진 기업도 몇 안 됩니다. 그렇기에 가격 경쟁력과 기술력에서 일본과 중국에 눌려 샌드위치코리아라는 소리가 나옵니다.

대한민국 주식은 불황에 사서 호황에 파는 턴어라운드 전략이 좋습니다. 가장 이상적인 방법은 한국주식과 미국주식을 모두 사는 것입니다. 증시 위기가 왔을 때는 미국주식을 팔아서 환차익을 누리고 한국주식 비중을 늘리다가, 호황이 오면 한국주식을 조금씩 팔면서 달러로 환전해 미국주식 비중을 늘려나가는 전략입니다.

그럼 어떤 미국주식을 사면 좋을지 알아봅시다.

브랜드 순위 투자법

제가 미국주식 투자에서 활용하는 비밀 지표 중 하나는 글로벌 브랜드 순위입니다. 기업과 기업 간 거래가 이루어지는 B2B와 기업과 소비자 간 거래가 이루어지는 B2C가 있습니다. 브랜드 순위가 높은 기업들은 주로 B2C입니다. 어떤 제품을 고를 때 가격이나 품질보다 브랜드를 보고 결정하는 경우가 더 많습니다.

스타벅스를 예로 들어봅시다. 사람들은 별 고민 없이 스타벅스에 가서 커피를 마십니다. 스타벅스 커피가 저렴하지도 않은데 말

글로벌 브랜드 순위

순위	2015년	2018년	2021년
1위	애플	애플	애플
2위	구글	구글	아마존
3위	코카콜라	아마존	마이크로소프트
4위	마이크로소프트	마이크로소프트	구글
5위	IBM	코카콜라	삼성
6위	토요타	삼성	코카콜라
7위	삼성	토요타	토요타
8위	GE	벤츠	벤츠
9위	맥도날드	페이스북	맥도날드
10위	아마존	맥도날드	디즈니
기타	디즈니(13위) 페이스북(23위) 어도비(68위) 페이팔(97위)	디즈니(14위) 어도비(51위) 넷플릭스(66위) 페이팔(73위)	테슬라(14위) 페이스북(15위) 인스타그램(19위) 어도비(21위) 넷플릭스(36위) 페이팔(42위) 줌(91위)

이죠. 스타벅스보다 더 좋은 원두를 쓰는 카페 브랜드도 많습니다. 어떻게 보면 스타벅스는 가격과 품질 면에서는 유리한 조건이 아닙니다. 그런데도 많은 사람들이 스타벅스 커피를 찾습니다. 시즌

이 되면 스타벅스 다이어리와 굿즈를 받으려고 부지런히 스티커를 모읍니다. 친구들에게 카카오톡으로 스타벅스 쿠폰을 즐겨 보냅니다. 남녀노소 모두 좋아하는 브랜드이기에 가능한 일이죠.

여기서 투자 힌트가 나옵니다. 브랜드 순위가 높은 기업의 제품일수록 소비자들이 더 많이 산다는 것입니다. 따라서 브랜드 순위가 상승하는 기업은 앞으로 더 많은 고객을 확보할 수 있습니다.

브랜드 가치가 높은 기업은 경쟁사보다 더 유리한 조건에서 비즈니스를 합니다. 예를 들어 스타벅스 커피 가격을 300원 정도 올린다고 해도 이탈하는 고객은 그리 많지 않습니다. 그런데 다른 카페는 300원 정도 올리면 고객 이탈률이 높아집니다. 말하자면 브랜드 가치는 가격 결정력에 영향을 미친다는 것입니다.

애플의 아이폰은 다른 스마트폰보다 가격이 비쌉니다. 이어폰과 충전기도 따로 사야 합니다. 아이맥, 아이패드도 다른 브랜드보다 비싸지만 한 번 애플 제품을 써본 사람은 웬만하면 다른 제품으로 바꾸지 않습니다. 애플의 2021년 영업이익률은 30%였습니다. 삼성전자의 스마트폰 사업이 속한 IM(모바일) 부문의 영업이익률은 12%입니다.

브랜드 가치는 더 높은 가격을 매길 수 있는 힘입니다. 코카콜라는 펩시콜라보다 비싸고, 칠성사이다는 킨사이다보다 비쌉니다. 브랜드가 가격 프리미엄이기 때문에 마진이 올라가고 주가가 더 높을 수밖에 없습니다.

브랜드 가치가 높은 기업은 주가수익률이 낮은 저PER 구간에 들어오기 어렵습니다. 일반적으로 브랜드 가치가 뛰어난 기업은 불황에도 제품이 잘 팔리기 때문에 매출과 이익이 안정적으로 우상향합니다. 불황이 오면 경쟁자가 사라지면서 시장점유율이 늘어나 점점 더 독점하는 것이죠. 이런 기업의 주가가 저평가되는 것은 사업에 심각한 문제가 발생했거나 증시가 폭락할 때뿐입니다.

여기에서 투자 타이밍에 대한 힌트가 나옵니다. 브랜드 가치가 높은 기업이 증시 하락으로 저평가 구간에 들어왔을 때가 매수할 시점이라는 것입니다.

브랜드 투자법을 누구보다 잘 사용하는 사람이 워런 버핏입니다. 1987년 블랙먼데이로 미국 증시가 하루 만에 22.7% 하락했습니다. 역사상 가장 큰 패닉장 중 하나였죠. 버핏은 이때 코카콜라를 사들였습니다.

당시 미국은 신흥국들에 자본을 쏟아붓고 있었고, 할리우드 영화를 통해 미국 문화가 전 세계에 퍼지기 시작했습니다. 그 당시 유명한 영화가 〈부시맨〉이었습니다. 부시맨이 비행기에서 떨어진 콜라를 우연히 맛보고 반해서 미국까지 좇아갔다는 이야기입니다. 이 영화의 최종 승자는 영화사가 아니라 '코카콜라'였습니다. 우리는 외식을 하거나 배달 음식을 시키면 꼭 콜라를 추가합니다. 미국의 문화가 뿌리를 내린 것이죠.

신흥국 경제가 성장하면서 코카콜라 소비는 더욱 늘어났습니다. 중국 15억 명, 인도 14억 명, 인도네시아 3억 명, 일본 1억 명, 베트남 1억 명으로 아시아 인구는 미국보다 월등히 많습니다. 1980년대 전후로 세계 경제가 크게 성장하면서 아시아 인구도 크게 늘어났죠.

워런 버핏은 블랙먼데이 직후 코카콜라 주식을 2달러대에 사들였습니다. 지금은 코카콜라 주가가 57달러이고 배당금은 매년 1.7달러입니다. 그래서 버핏은 이 주식을 평생 보유하겠다고 말하는 겁니다. 자기가 보유한 만큼 배당금이 매년 들어오니 정말 환상적인 투자가 아닐 수 없겠죠?

코카콜라 주가

(출처 : 인베스팅닷컴)

콜라는 탄산음료라 우리 몸에 해롭다고 말하는 사람들이 많습니다. 하지만 코카콜라는 콜라만 파는 것이 아닙니다. 콜라 매출 비중은 50% 정도이고, 탄산수, 스포츠 음료, 주스, 건강식, 생수 등으로 나머지 매출 50%를 채우고 있습니다. 2019년에는 세계 2위 커피 프랜차이즈 코스타 커피를 인수하면서 스타벅스와 같은 사업 분야에 진출했습니다. 커피 시장은 앞으로 더 크게 성장할 전망이므로, 코카콜라는 기업 인수를 통해 체질을 바꿔가고 있습니다.

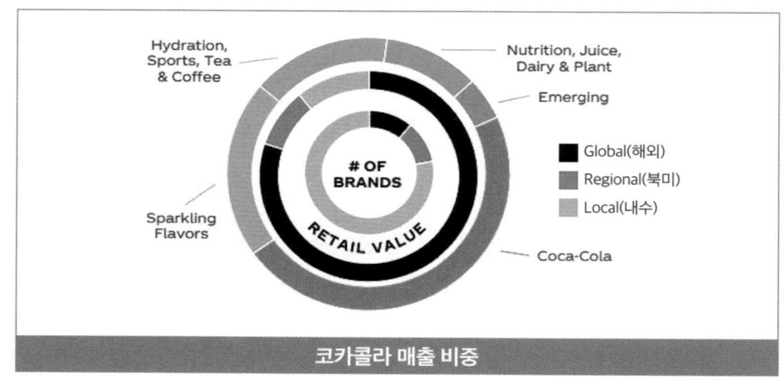

코카콜라 매출 비중

(출처 : 코카콜라 홈페이지)

어떤 브랜드에 투자해야 할까?

브랜드 가치는 3가지 유형으로 나타납니다.

1단계는 식품, 의류 등 오래된 산업에서 강력한 브랜드들이 장기 집권하는 것입니다. 경쟁자가 나오기 힘들고 우세한 브랜드들이 높은 시장점유율과 가격 결정력을 가집니다. 안전하지만 고수익을 기대하기는 어려우므로 장기투자로 유망합니다.

2단계는 기존 산업에서 신흥 브랜드가 등장하는 것입니다. 의

류업은 전통적인 브랜드가 포진한 가운데 신흥 브랜드가 자주 등장합니다. 기술과 자본의 진입 장벽이 낮기 때문입니다. 예를 들어 요가복, 래시가드, 등산복처럼 특정 품목이 유행을 타면서 시장이 커지면 신흥 브랜드가 등장합니다. 룰루레몬, 배럴, 노스페이스, 네파 등이 이런 흐름으로 호황을 누렸습니다. 최근에는 골프 의류 브랜드들의 성장세가 빠릅니다. 이런 추세를 빨리 포착해서 투자하는 것이 중요합니다.

3단계는 이제 막 시작된 산업입니다. 강력한 브랜드가 나타나기 전의 춘추전국시대라고 할 수 있습니다. 시간이 지나면서 점차 살아남는 브랜드와 사라지는 브랜드로 나뉘는데, 독보적으로 뛰어난 브랜드가 향후 시장을 독식할 가능성이 높습니다. 전자결제, 메타버스, 의료기기, 자율주행 시장은 앞으로 커질 전망입니다. 브랜드 가치가 서로 비슷하다가 점점 벌어지기 시작하는 순간이 투자할 타이밍입니다.

브랜드 가치가 오르는 기업에 투자하면 어떨까?

글로벌 100대 브랜드에서 순위가 빠르게 오르고 있는 기업은 테슬라, 어도비, 넷플릭스, 페이팔입니다. 주가도 브랜드 순위처럼 올랐을까요?

10년간 추이를 보면 브랜드 순위에 맞춰 주가도 상승세를 탔습

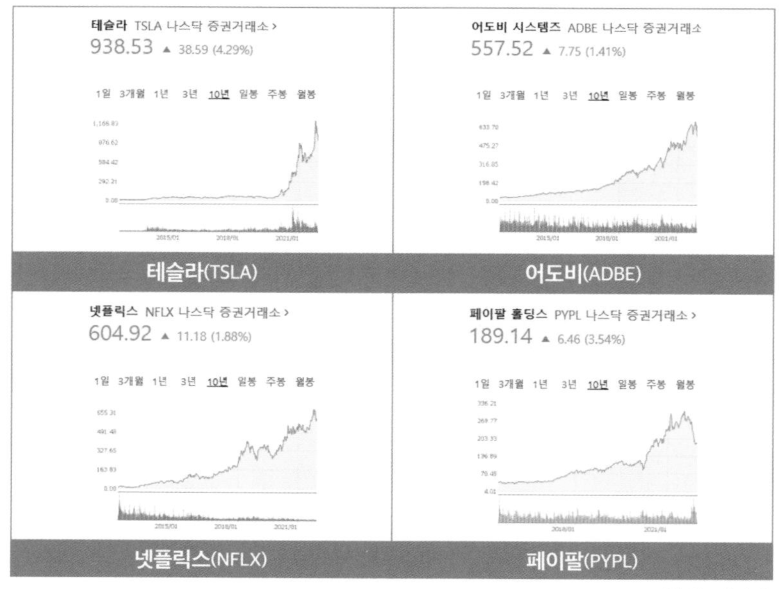

(출처 : 네이버)

니다. 2018년 100대 브랜드 순위에 들지 않았던 테슬라는 2021년 14위로 혜성처럼 등장했습니다. 2021년 영국에서 가장 많이 팔린 승용차가 테슬라입니다. 테슬라의 판매량이 급증하면서 브랜드 가치도 계속 올라가고 있습니다. 주가도 최근 들어 급등하는 모습입니다. 이 정도 속도라면 내년에는 테슬라가 10위 안에 진입할 것으로 예상됩니다. 내연기관, 전기차 모두 합쳐서요.

사진과 영상 편집이 보편화되면서 어도비 프로그램을 사용하는 사람들이 늘어나고 있습니다. 유튜버가 늘어날수록 어도비는 계속 성장할 것으로 예상됩니다. 코로나19 여파로 영화관이 문을 닫는 대신 넷플릭스는 엄청난 호황을 누렸습니다. 전 세계의 강력한 콘텐츠들이 넷플릭스에 들어오고 싶어 합니다. 이제 넷플릭스는 영화관보다 더 좋은 콘텐츠를 보유하게 될 것입니다. 앞으로 누가 살아남을 수 있을까요?

페이팔의 주가도 브랜드 순위처럼 계속 상승하다가 최근 하락했습니다. 기업의 비즈니스에는 문제가 없고, 월가의 기대치에 부응하지 못했을 뿐이죠. 페이팔은 전자결제 수수료가 수익의 전부인 단순한 사업구조를 가지고 있습니다. 페이팔 계좌 수는 4억 개

어도비 브랜드 리스트

가 넘고 매 분기마다 1,000만 개씩 늘어나고 있습니다. 2021년 3분기 1인당 결제 금액은 전년 동기 대비 24% 증가했습니다. 그만큼 개인의 페이팔 결제가 늘어났다는 뜻입니다. 아직까지는 전 세계에서 페이팔보다 더 많은 계좌를 보유한 핀테크 업체는 없습니다. 업계 1위를 유지하면서 브랜드 가치는 올라가고 있는데 주가가 하락한다면 매수 기회인 것입니다.

브랜드 가치가 있는 기업의 주식을 사들이는 것은 투자의 기본입니다. 브랜드 가치는 고객에게 오랫동안 각인되기 때문에 경쟁자가 그 장벽을 뛰어넘기가 쉽지 않습니다. 2위라는 낙인이 찍히면 1위를 넘어서기가 여간 어려운 일이 아니죠. 강력한 브랜드는 여러분의 수익률을 지켜주는 튼튼한 성벽이 될 것입니다.

10년간 4배 상승한 우량주 스타벅스

미국주식에 투자하는 사람이라면 스타벅스 주식 1주는 사봐야 하지 않을까 싶을 정도로 MZ세대에게는 미국을 대표하는 브랜드입니다. 한때 코카콜라가 그랬듯이 말이죠. 스타벅스는 지극히 미국적인 철학과 마인드로 세계 시장을 공략하고 있습니다.

10년 전 스타벅스 주가는 23달러였는데 현재는 115달러로 4배 넘게 올랐습니다. 워런 버핏이 좋아하는 주식들을 보면 대개 10년간 4~5배 올랐습니다. 우량주에 투자해서 얻을 수 있는 수익률이

스타벅스(SBUX)

(출처 : 네이버)

이 정도라고 생각하면 됩니다.

특히 스타벅스는 성공할 수 있는 요소를 많이 가진 데다 높은 성장성과 사업 안정성을 보유한 몇 안 되는 주식입니다. 전 재산을 투자하고도 평생 계좌 수익률을 들여다보지 않아도 되는 주식이 아닐까 할 정도로 우량주의 조건을 모두 갖추고 있습니다.

스타벅스는 커피 전문점인데도 이름에 '커피', '카페'라는 단어를 쓰지 않았습니다. 고객에게 각인시키기 어려운 이름이지만 커피라는 단어를 포기한 것 이상의 가치를 얻었습니다. 19세기에 발

표된 미국 소설 『모비딕』은 인간의 고통, 고뇌, 의지, 한계, 도전을 다룬 작품입니다. 여기에 나오는 고래잡이선의 항해사 이름이 '스타벅'입니다. 스타벅스는 고뇌하고 도전하는 사람들이 모이는 장소를 상징하는 것입니다.

당시에 지성인들은 주로 살롱에 모였습니다. 유럽 문화에 근간을 둔 살롱에서는 커피가 아닌 차를 즐겼습니다. 미국의 스타벅스는 유럽의 살롱에 대항하는 장소이면서 차가 아닌 커피로 라이벌 구도를 만들어낸 것이죠. 그래서 스타벅스는 단순히 커피를 마시는 장소가 아닙니다. 하워드 슐츠 명예회장도 "우리는 커피를 파는 곳이 아니라 공간을 파는 곳"이라고 말했습니다.

스타벅스는 강남, 여의도, 종로 등 사무실 밀집 지역에 주로 위치합니다. 일에 지친 직장인들에게 잠시 휴식을 취하면서 지적 고민을 할 수 있는 공간을 제공하고자 하는 것입니다. 그래서 실내 디자인도 바람, 나무, 물결을 테마로 구성합니다. 블라인드조차 플라스틱이 아닌 나무를 사용해 최대한 도심 속의 자연을 구현하려고 합니다.

스타벅스의 심벌마크에는 그리스신화에 나오는 바다의 요정 세이렌(Siren)이 그려져 있습니다. 세이렌은 '끈으로 묶다'라는 뜻으로, '경고', '신호'를 뜻하는 사이렌의 어원이기도 합니다. 세이렌은 천상의 목소리로 지중해를 다니는 선원들을 유혹하여 배를 침몰시켰다고 합니다.

스타벅스에서는 진동벨을 쓰는 대신 고객의 이름을 부르고 눈을 맞추며 커피를 전달하는 것이 중요 철학입니다. 그런데 지금 스타벅스 로고에 있는 세이렌은 새가 아닌 인어의 모습입니다. 중세부터 미술 작품에 세이렌을 새가 아닌 인어의 모습으로 그렸습니다. 여기에는 스타벅스도 시대에 맞게 변하는 기업이 되겠다는 의미가 담겨 있습니다.

스타벅스는 고객의 이름을 부른다는 철학을 유지하면서도 진동벨을 대신할 수 있는 사이렌 오더 앱 서비스를 내놓았습니다. 그 덕분에 스타벅스를 핀테크 회사라고 부를 정도로 많은 예치금이 쌓여 있습니다. 사람들은 스타벅스 예치금이나 카카오톡 기프티콘이 잔뜩 쌓여 있어도 불안해하지 않습니다. 언젠가는 다 쓸 수 있다고 생각하기 때문입니다.

스타벅스 예치금은 20억 달러(약 2조 4,000억 원) 정도입니다. 미국 은행의 85%가 자산이 10억 달러가 되지 않습니다. 웬만한 은행보다 예치금이 더 많은 것이죠. 이 예치금은 고객들에게 현금이 아닌 커피로 돌려주면 됩니다. 커피는 마진이 상당히 높은 제품이기 때문에 재료비도 거의 들어가지 않습니다. 이 예치금의 대부분이 스타벅스의 부채가 아니라 자산입니다.

스타벅스의 재무제표를 보면 자산보다 부채가 더 많은 것으로 나와 있습니다. 자본잠식 기업처럼 보이지만 돈이 아니라 커피로 갚는 부채입니다. 매년 배당률이 1.8% 이상인 자본잠식 기업은 없겠죠?

스타벅스는 5년간 연평균 매출 6.4%, 영업이익률 8.3%, 순이익률 8.3%를 달성한 기업입니다. 2020년과 2021년에 코로나19로 상당한 타격을 받았는데도 지속적인 성장을 하고 있습니다. 그 이유 중 하나가 중국 시장의 가파른 성장세입니다.

한국, 일본, 미국은 1인당 커피를 1년 평균 300잔 이상 마시는 반면 중국은 2015년에 평균 5잔을 마셨습니다. 차를 마시는 문화이기도 하지만 GDP가 더 성장해야 커피 문화가 발달합니다. 스타벅스의 무덤이라고 불리는 호주에도 최근 스타벅스 지점이 늘고 있는데 주 고객이 중국 유학생입니다. 이들이 자국으로 돌아가면 커피 문화를 선도할 것입니다. 더불어 GDP가 성장하면서 점차 커피 마시는 사람들이 늘어나겠죠?

2021년 스타벅스 신규 출점의 절반이 중국 매장이었습니다. 중국에서 스타벅스는 빠르게 성장하고 있습니다. 배당금이 매년 늘어나는 배당성장주이면서 매년 이익이 늘어나고, 주가도 10년간 4배 상승으로 우상향하고 있어 앞으로도 성장성을 기대해볼 수 있습니다.

스마트카로 한 번 더 상승을 준비하는 애플

애플이라는 이름은 뉴턴의 사과에서 유래한 것입니다. 스티브 잡스가 젊은 시절 사과 과수원에서 일하기도 했지만, 출시되는 제품이 사과처럼 아름답고 완벽하길 바라는 마음이 담겨 있다고 합니다.

아이폰 초기 모델의 디자인은 지금 봐도 완벽한 아름다움을 자랑합니다. 이처럼 애플은 제품의 성능 못지않게 디자인을 중요하게 여깁니다. 그리고 매킨토시부터 시작해서 애플의 제품은 비싸

애플 로고 변화

다는 특징이 있습니다.

이후 애플의 심벌마크는 한입 베어 문 사과 그래픽으로 바뀌었습니다. 분명 뉴턴의 사과와는 상관없는 모습입니다. 대중의 관점으로 보면 탐스러운 지식, 욕망을 한입 베어 문 모습을 상징하는 듯합니다. 선악과를 베어 문 아담과 이브처럼 말이죠. 그렇게 보면 애플은 인간의 욕망을 자극한다는 브랜드 이미지를 내포하고 있습니다.

애플을 세계 1위 기업으로 끌어올린 것은 아이폰입니다. 아이폰은 2007년 세상에 등장했습니다. 이전의 핸드폰으로는 인터넷을 할 수 없었습니다. 인터넷이 가능한 아이폰의 등장은 컴퓨터가 손안으로 들어온 역사적인 순간입니다. 세상에 없던 제품이 등장하자 그동안 2G폰의 황제였던 노키아, 모토로라, 블랙베리가 빠른 속도로 무너졌습니다. 마치 한 번도 본 적 없는 몽골의 기병술에 유럽의 기사들이 순식간에 무너진 것처럼 말이죠.

기존의 휴대폰 업체들 가운데 발 빠르게 스마트폰으로 전환해 살아남은 기업들도 있습니다. 일본, 한국의 전자회사들이죠. 이들은 아이폰과 함께 고가 스마트폰 분야에서 치열한 전투를 벌입니다. 중국 회사들은 아예 저가 모델로 틈새시장을 장악합니다. 결국 고가 경쟁을 펼치던 기업들은 하나씩 나가떨어집니다. LG전자의 철수를 마지막으로 고가 모델에서 아이폰과 경쟁할 수 있는 스마트폰은 삼성의 갤럭시가 유일합니다.

중국 기업들은 강력한 내수시장을 기반으로 저가 물량 공세를 펼치며 아시아 시장에서 점유율을 늘려나갔습니다. 프리미엄 시장

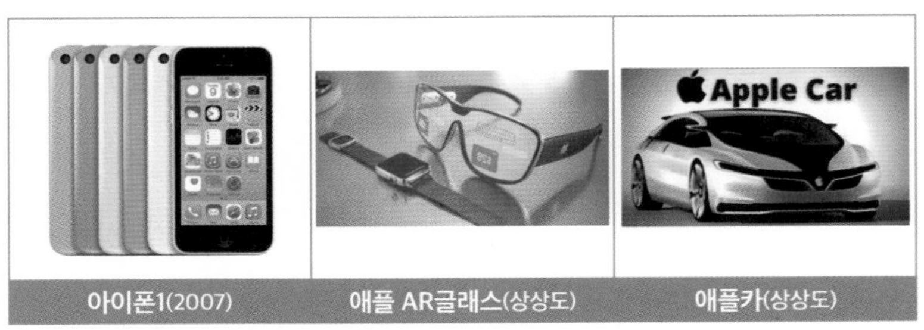

아이폰1(2007)	애플 AR글래스(상상도)	애플카(상상도)

을 평정한 애플은 이제 저가 시장을 공략하기 위해 인도에 공장을 짓고 있습니다. 인도는 GDP가 낮기 때문에 저가 스마트폰이 잘 팔리고 14억 인구로 내수시장도 충분합니다. 애플은 중국 기업을 제치면 고가와 저가 시장을 모두 장악하게 됩니다.

애플은 갤럭시보다 더 유리한 사업구조를 가지고 있습니다. 삼성은 스마트폰 마진으로 수익을 얻는 구조이지만, 애플은 스마트폰에서 수익이 나지 않아도 괜찮습니다. 자체 OS를 탑재했기 때문에 앱스토어에서 결제되는 금액의 30%가량이 애플의 수익으로 들어갑니다. 전 세계에서 누군가는 앱을 만들고 누군가는 사용합니다. 그 사이에서 애플은 가만히 앉아 통행세를 걷어갑니다. 환상적인 비즈니스죠. 갤럭시는 안드로이드 운영체제를 쓰기 때문에 통행세를 구글이 가져갑니다. 재주는 삼성이 부리고, 돈은 구글이 가져가는 구조라고 할 수 있죠.

이제 스마트폰을 손에 들고 다니는 것조차 귀찮은 시대가 올 겁니다. 그래서 기업들이 AR글래스에 뛰어들고 있습니다. AR글래스를 쓰면 스마트폰보다 화면도 더 크게 보입니다. 모두 안경잡이가 되겠지만 손이 자유로워지고 주머니에 넣고 다니는 불편함도 사라지겠죠. AR글래스로 쇼핑과 운동도 더 쉬워집니다. 그리고 고객들의 데이터가 애플의 클라우드에 차곡차곡 쌓이겠죠. 그 데이터를 가지고 애플은 수익을 낼 수 있는 새로운 사업을 모색합니다. 2022년 말에 AR글래스가 등장할 것이라는 보도가 나오고 있습니다.

그렇다면 다음 전장은 어디가 될까요? 2025년부터는 스마트카가 될 겁니다. 전기차는 스마트카를 만들기 전의 기초 단계입니다. 마치 스마트폰이 나오기 전에 휴대폰이 그 저변을 넓힌 것과 유사한 역할입니다. 사람들이 전기차를 타는 문화가 정착되면 그다음으로 스마트카를 꿈꾸게 됩니다.

스마트카는 운전자가 직접 운전을 하지 않습니다. 원하는 목적지로 알아서 데려다주니 운전자가 전방을 주시할 필요도 없습니다. 차 안에 누워서 가도 되고 차가 달리는 동안 디스플레이 창으로 영화를 보거나 쇼핑을 해도 됩니다. 애플은 이 시장을 장악하려는 것입니다. 애플카를 타고 아이폰에서 제공하던 서비스를 그대로 누릴 수 있습니다. 말하자면 차를 타고 가는 동안에도 애플에 돈을 쓰라는 것입니다.

여기서 애플의 사업 전략을 알 수 있습니다. 경쟁사가 2G폰 시장을 포화 상태로 만들었을 때 애플은 스마트폰이라는 신무기를 만들어 브랜드 선점 효과를 누렸습니다. 애초에 휴대폰 사업을 하지 않았기 때문에 '스마트폰=아이폰'이라는 각인 효과를 만들었죠. 그 덕분에 스마트폰 시장이 커질수록 아이폰의 브랜드 효과는 나날이 커져갔습니다.

AR글래스도 애플은 타 기업보다 먼저 출시할 가능성이 높습니다. 브랜드 선점 효과를 누리려는 것이죠. 지금부터 5년 뒤에는 전기차 시장이 꽤 성숙할 겁니다. 그리고 자율주행차가 등장하기 좋

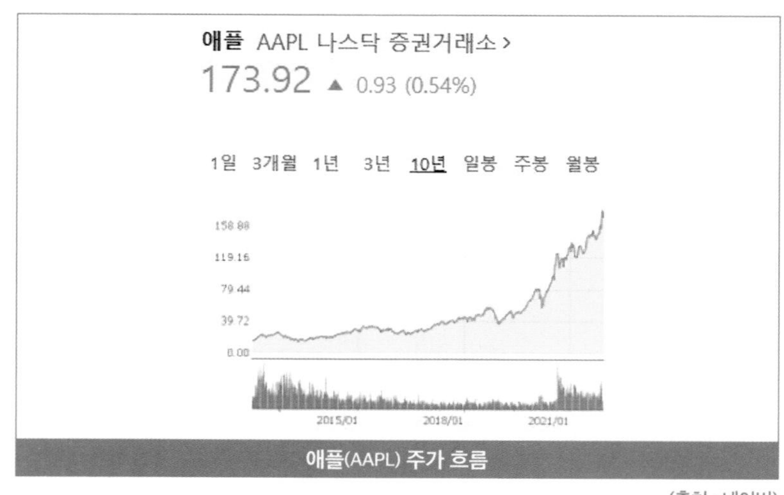

애플(AAPL) 주가 흐름

(출처 : 네이버)

은 시점이 됩니다. 이때 애플이 스마트카를 출시하면 브랜드 선점 효과를 또 가져갑니다. 그럼 경쟁사들은 성능과 가격뿐만 아니라 강력한 브랜드와 싸워야 합니다. 애플이 신무기들을 제때 출시한다면 세계 시총 1위를 수성할 것입니다. 워런 버핏이 괜히 자신의 자산 40%를 애플 주식으로 채운 것이 아닙니다.

애플은 지난 3년간 연평균 매출 18%, 영업이익률 30%, 주가 52% 상승이라는 엄청난 성장세를 보여주었습니다. 수익이 늘어나는 속도가 워낙 빠르기 때문에 주가가 빠르게 올라도 아직 주가수익비율(PER) 30배 수준으로 고평가 구간에도 가지 않았습니다. 그런 점에서 애플은 성장주라고 볼 수 있습니다.

테슬라 상승이 이제 시작인 이유

테슬라가 제2의 애플이 될 수 있는 이유는 애플의 성공 공식을 따라 하고 있기 때문입니다. 애플은 제조를 하청업체에 맡기고 회사의 역량을 신사업 선점과 R&D, 그리고 브랜드 가치를 키우는 데 집중했습니다. 기업의 자금은 한정적인 만큼 회사의 가치를 가장 높일 수 있는 부문에 투자해야 합니다.

신사업 초기에는 성능과 가격이 중요하지만 일정 시간이 흐르면 기술이 상향 평준화되어 경쟁사와 큰 차이가 없습니다. 후반전에서 승부를 가르는 것은 브랜드 가치입니다. 저렴한 가격과 뛰어난 성능보다는 그저 브랜드가 좋아서 삽니다. 단지 아이폰이기에 사는 것처럼 말이죠.

테슬라는 이제 전반전을 시작한 상황입니다. 전기차만을 출시하는 회사 중에서는 가장 빨리 브랜드를 구축했습니다. 사람들은 '전기차=테슬라'를 떠올립니다. 내연기관 자동차를 만드는 회사는 전기차를 만들더라도 전기차 브랜드라는 이미지가 떠오르지 않습니다. 마카롱을 산다고 하면 일반 베이커리보다는 마카롱 전문 베이커리를 떠올리는 것과 같습니다. 그런 점에서 테슬라는 브랜드 선점 효과를 충분히 누린 것입니다.

애플은 스마트폰 시장을 어느 정도 평정하자 개국공신들을 하나씩 제거했습니다. 영업이익률을 더 높이기 위해서였죠. 마진율이 높은 일을 하청기업에 맡기다가 애플이 직접 하면서 이익을 늘려나갔습니다. 그중 하나가 M1 칩으로, 1년 정도 더 지나면 인텔의 반도체가 필요 없을 것입니다. 이에 놀란 인텔도 빠르게 변신을 준비하고 있습니다.

테슬라는 전반전에 이미 숙청 작업에 들어갔습니다. 전기차가 더 빠르게 보급되려면 가격이 내연기관 자동차 수준으로 떨어져야 합니다. 그러려면 가장 많은 비용을 차지하는 배터리 가격을 줄여야 합니다. 하지만 배터리 회사에서 공급받으면 장기적으로 비용을 낮추기가 어렵습니다. 테슬라는 전기차 시장을 장악하기 위해 자체 배터리를 개발 중입니다. 1년 후에 나올 대형 배터리 4680은 주행거리가 기존보다 16% 더 늘어나고 원통형으로 비용도 절감될 것입니다.

그렇게 되면 배터리 회사들이 공급을 조절해가면서 가격을 유지하기 힘들어집니다. 테슬라가 직접 배터리 생산을 늘려나가면 다른 배터리 회사들은 가격을 비싸게 받기 어려워집니다. 그러다 전기차 시장이 어느 정도 성숙해지면 배터리 회사의 성장도 멈추고 '을'의 위치에 서게 됩니다. 테슬라는 배터리 가격을 지속적으로 낮춰 영업이익률을 높일 수 있습니다.

테슬라가 그렇게 빨리 숙청에 나서는 이유는 전기차의 전성기가 길지 않기 때문입니다. 이제 후반전은 자율주행차 시장입니다. 물론 테슬라는 자율주행 부문에서 기술적 우위를 점하고 있지만 성능보다는 소프트웨어, 인공지능, 플랫폼이 더 중요합니다. 이때 절대 강자인 애플과 구글이 스마트카로 뛰어들 것입니다. 테슬라도 미리 수익을 확보해서 스마트카 삼국지 전쟁을 준비하고 있는 겁니다.

기존 완성차 업체는 이렇게 빠른 흐름을 제대로 포착하고, 어떻게 하면 시장점유율을 유지해나갈지 고민해야 합니다. 전기차를 만드는 데는 완성차의 하청업체들이 필요 없습니다. 가전제품을 만드는 회사에서도 전기차를 만들 수 있으니까요. 그렇다고 완성차 업체들이 기존의 하청업체를 버릴 수도 없습니다. 아직 전기차와 내연기관차를 모두 만들어야 시장에서 버틸 수 있기 때문이죠. 하청업체들이 새로운 사업구조로 바꿀 시간을 줘야 합니다. 전기차로 완전히 전환될 때까지는 상당한 시간이 소요됩니다. 그사이 순수 전기차 회사들은 빠르게 이익을 늘리면서 점유율을 높여갈 것입니다. 그만큼 완성차들은 힘든 싸움을 할 수밖에 없습니다.

테슬라의 주가가 급격히 올라간 이유는 매출이 급격히 증가했기 때문입니다. 2019년 30조 원을 밑돌던 매출이 2020년 37조 5,000억 원으로 25% 상승하더니, 2021년에는 약 60조 원으로 60% 성장했습니다. 매출 상승 속도를 유지하기도 힘든데 더 빨라지니 주가가

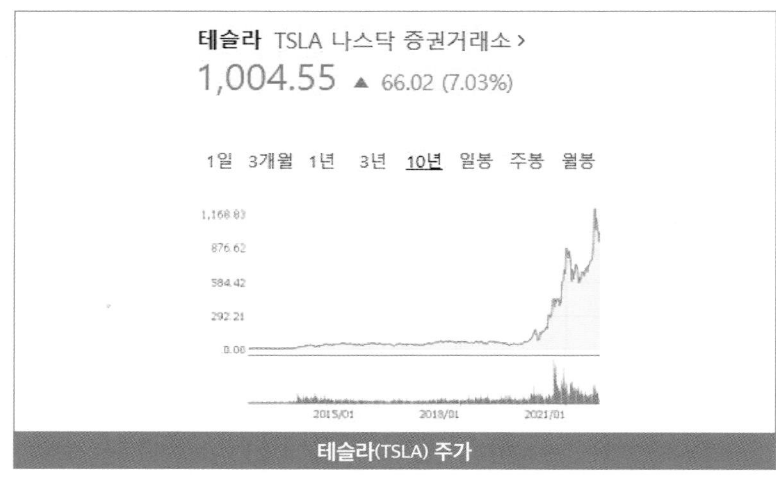

테슬라(TSLA) 주가

(출처 : 네이버)

환호할 수밖에 없는 것이죠. 물론 CEO 일론 머스크의 언행으로 주가가 휘청거리기는 했지만, 기업 자체만큼은 매력적인 성장주임에 틀림없습니다. 현재 PER이 150배이지만 이익 상승이 더 빨라진다면 3년 안에 적정 PER로 내려올 가능성이 높습니다. PER이 단순히 높다고 해서 고평가된 것이 아니라 이익상승률도 같이 보면서 판단해야 합니다.

자녀에게 사줘야 할 친환경 주식

산업혁명 이후부터 지금까지 지구의 평균온도는 1도 상승했습니다. 여기에서 1도 더 오르면 북극의 빙하가 녹으면서 인근 동토층이 드러나고 여기에서 메탄가스가 뿜어져 나와 이산화탄소 배출 없이도 지구의 평균온도가 올라갑니다. 그러면 빙하가 녹아 육지의 상당 부분이 물에 잠기고 이상기후로 농작물 작황이 어려워지면 70억 인구는 식량난에 빠집니다.

그래서 유엔은 각국 정상들을 모아 심각성을 공유하고 지구의

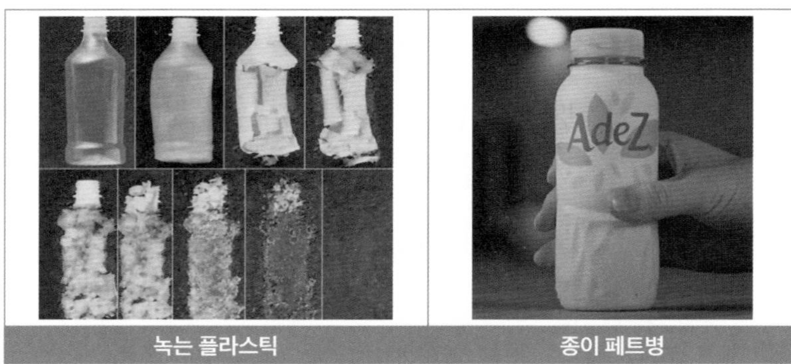

녹는 플라스틱 종이 페트병

(출처 : 대니머 사이언티픽DNMR 홈페이지, 코카콜라COKE 홈페이지)

평균온도가 0.5도 이상 올라가지 않도록 2050년까지 탄소 배출을 제로(0)로 만들기로 합의했습니다. 인류가 공멸하지 않으려면 우리 모두 탄소와 메탄가스 배출을 줄이고, 대기 및 해양 오염을 막기 위해 일회용품 사용을 제한해야 합니다.

무엇보다 기업들이 경제적 이익보다 환경을 우선시해야 합니다. 하지만 기업들은 당장의 이익을 내야 살아남을 수 있습니다. 환경을 보호하고 싶지만 이익이 더 우선이죠. 그래서 기업들이 친환경으로 변신할 수 있는 시간을 주기 위해 단계적으로 국제협약과 정부 규제를 강화하고 있습니다. 점차적으로 모든 기업이 친환경에 투자하도록 말입니다.

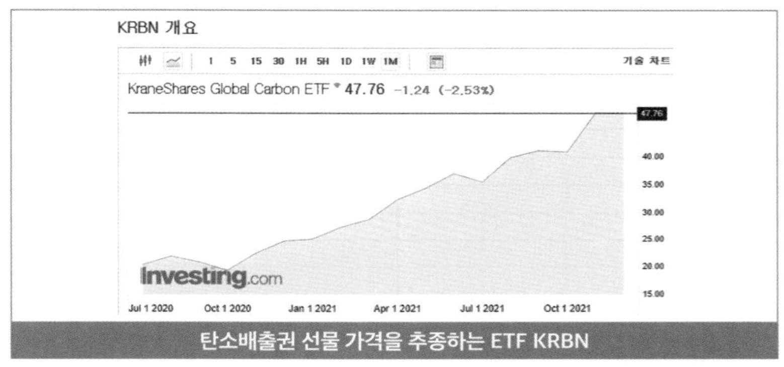

탄소배출권 선물 가격을 추종하는 ETF KRBN

(출처 : 인베스팅닷컴)

국가는 친환경 기업으로 빨리 전환할 수 있도록 인센티브를 제공합니다. ESG(친환경·사회적 책임·지배구조 개선) 점수가 높은 기업에게는 저렴한 이자로 돈을 빌려주고 이러한 기업에 투자할 수 있는 환경을 제공합니다. 대표적인 예가 탄소배출권이죠.

국가별, 산업별로 탄소를 배출할 수 있는 권리를 나눠주는 것이 탄소배출권입니다. 예를 들어 연간 3만 톤의 탄소를 배출하는 기업에게 2만 톤 탄소배출권을 주는 겁니다. 기업이 친환경 투자를 늘려 탄소 배출을 2만 톤 이하로 줄이면 남은 탄소배출권을 팔아 돈을 벌 수 있습니다. 반대로 2만 톤 이상 탄소를 배출하면 초과분은 다른 기업에서 사와야 합니다. 탄소를 많이 배출할수록 비용이 더 들기 때문에 기업의 이익이 줄어듭니다. 그리고 탄소배출권을 매년 줄여가면서 친환경 기업으로 전환하지 못한 경우 탄소배출권을 구입하는 비용이 해마다 늘어납니다. 이렇게 강제하지 않으면 전 세계적인 기후 위기가 닥칩니다.

탄소 배출을 가장 많이 하는 국가는 미국과 중국이고, 가장 많이 배출하는 업종은 석유, 화학, 철강, 시멘트입니다. 탄소 제로에 성공한 기업은 승자가 되어 시장점유율을 늘리고, 실패한 기업은 패자가 되어 역사의 뒤안길로 사라지게 될 겁니다. 그동안 생존을 위해 기업끼리 전쟁을 벌였다면 이제는 기업이 환경과 싸우는 양상이 됩니다.

아직 저평가된 메타버스 수혜주

코로나19로 2년 넘게 일상생활의 제약을 받으면서 화상회의가 보편화되고 동영상 플랫폼이 빠르게 성장했습니다. 온라인 활동이 늘어나면서 환전이 필요 없는 간편결제 수요가 증가하고 비트코인이 급등했죠. 최근에는 이더리움의 활용도가 늘어나면서 관련 코인들이 많이 상승했고 이제는 알트코인, NFT까지 상승하고 있습니다.

화폐의 기능을 하는 코인이 성장했다면, 코인이 순환할 수 있는 소비 생태계가 필요하겠죠? 게임 아이템을 NFT로 거래하면 이것을 코인으로 교환했다가 현금으로 바꿀 수 있습니다. 게임 세계에서는 거래 수단으로 현금이 아닌 게임사가 정한 NFT가 통용되지만 코인이 아니기에 화폐라고 부르지는 않습니다. 화폐는 금융 규제를 받아야 하니까요. 게임 내에서는 코인 거래를 하지 않고, 게임 밖에서 코인으로 교환할 수 있는 것입니다. 오락실에서 게임을 하고 받은 메달을 구둣방에 가져가면 상품권과 교환해주는 것과 비슷합니다.

어쨌든 게임은 가상세계이고 그 자체가 메타버스입니다. 다국적 사람들이 모여 게임을 즐기려면 국경을 뛰어넘는 거래 수단이 필요합니다. 거기에 탄탄한 스토리, 강력한 그래픽, 활발한 거래 시장은 메타버스가 태동하기에 충분한 환경입니다. 그래서 게임회사들이 메타버스에 먼저 시동을 걸었습니다.

대표적인 메타버스 주식은 로블록스입니다. 누구나 게임을 만들 수 있는 플랫폼으로 그 안에는 수많은 게임이 있습니다. 유튜브는 플랫폼 역할만 하고 개인이 콘텐츠를 만드는 것처럼 게임도 플랫폼 내에서 경제가 돌아가는 것이죠.

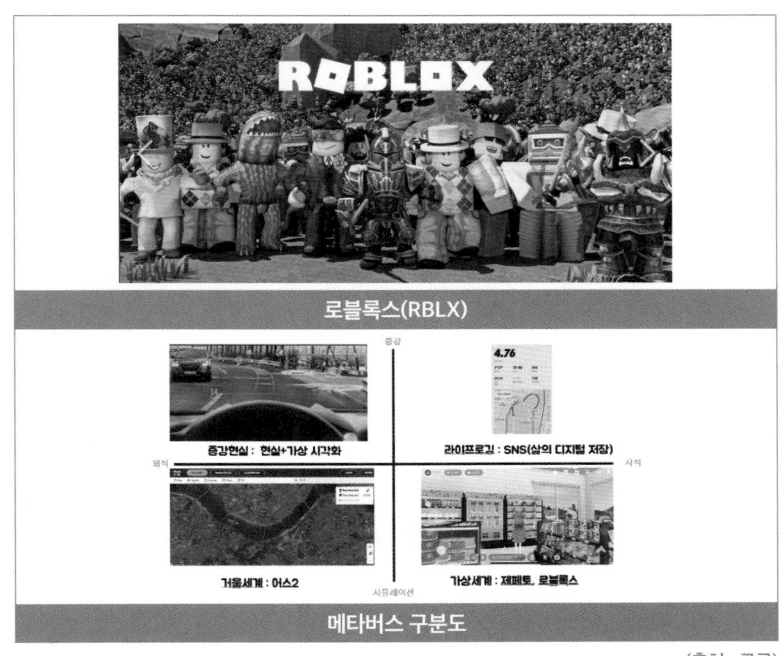

로블록스(RBLX)

메타버스 구분도

(출처 : 구글)

한국의 대표적인 메타버스 서비스 제페토는 게임이 아니라 팬덤을 기반으로 만들어진 플랫폼입니다. 게임과 팬덤 모두 강력한 플랫폼이 될 수 있지만 게임이 좀 더 대중적으로 범위가 넓습니다.

우선 메타버스는 증강현실, 시뮬레이션, 외적 형태, 사적 형태, 4가지로 나뉩니다. 제페토와 로블록스는 가상세계 메타버스입니다. 반면 지구를 복사해서 부동산을 사고파는 어스2는 거울세계라고 부릅니다. 나이키 런 클럽과 같이 실제 운동을 하면서 SNS처럼 삶을 기록하는 것은 라이프로깅(Lifelogging)에 속합니다. 자동차 앞 유리창에 운전하는 데 필요한 그래픽이 나오고 포켓몬 고처럼 현실과 가상을 결합한 것을 증강현실이라고 합니다.

지금은 가상세계가 가장 큰 영역이지만 기술이 발전하면 증강현실이 많이 이용될 것이고, 라이프로깅은 쇼핑과 플랫폼 분야에서 큰 성장을 이룰 것입니다.

메타버스가 성장하려면 젊은 고객층을 보유하고, 생산과 소비가 동시에 일어나며, 자체 화폐를 운용해야 합니다. 현재 메타버스 문화의 주류는 10대이기 때문에 이들이 성장할수록 20대 문화와 30대 문화로 플랫폼의 경제 규모가 커집니다. 여기에서 다양한 창작물을 생산하고 소비하는 사람들이 들어와야 가입자가 빠르게 늘어납니다. 그렇기에 메타버스의 가치는 현재 매출이 아닌 가입자 수로 봐야 합니다.

그리고 본격적인 수익을 위해서는 자체 화폐가 필요합니다. 가입자 수가 계속 늘고 1인당 교환하는 화폐가 늘어날수록 플랫폼이 보유하는 현금이 계속 늘어납니다. 사람들이 메타버스 안에 머무를수록 이 돈도 머물게 됩니다. 예를 들어 10조 원이 들어왔는데 실제로 찾아가는 현금은 1조 원도 되지 않는다면 이 기업은 나머지 9조 원의 현금으로 투자를 하거나 이자수익을 낼 수 있습니다. 과거의 은행들이 금보관증을 써주고 뒤로 돈놀이를 해서 막대한 부를 창출했던 것처럼 말이죠. NFT로 다시 교환할 수 없고 플랫폼 내에서 완전 소비가 일어나면 기업의 매출로 잡힙니다. 이후 기업은 어떻게 하면 가입자들이 메타버스 안에서 돈을 더 소비하게 만들까를 고민하면서 매출을 늘려갈 겁니다.

로블록스도 창작자가 광고를 달 수 있고, 제페토도 그렇게 진행될 가능성이 높습니다. 이 안에서 돈을 많이 버는 창작자가 나올수록 참여자가 늘어나겠죠. 유튜브의 성공 방식을 이용하는 겁니다.

메타버스 투자로 어떤 기업이 매력적일까요? 메타버스는 기본적으로 3D 그래픽을 사용합니다. 이를 물리엔진이라고 하는데 미국의 대표적인 기업이 유니티소프트웨어와 에픽게임즈입니다. 유니티소프트웨어는 미국에 상장된 기업이고 에픽게임즈는 비상장 기업이죠. 둘 다 시가총액 50조 원 이상으로 에픽게임즈의 지분 40%를 텐센트가 보유하고 있습니다.

텐센트는 중국 기업이지만 최대주주는 남아공에 있는 내스퍼스라는 회사입니다. 국적과 소유주가 다른 독특한 구조를 가지고 있습니다. 텐센트는 글로벌 투자회사에 가깝습니다. 스포티파이 테크놀러지(SPOT, 8.7%), 씨(Sea, 35%), 테슬라(5%), 스냅(SNAP, 12%), 라이엇게임즈(100%), JD닷컴(JD, 18%), 넷마블(17%), 카카오(6%), 크래프톤(13%) 등 다양한 기업들의 지분을 보유하고 있죠.

앞으로 메타버스 시장에서 가장 강력한 플랫폼 후보로 떠오를 기업은 페이스북입니다. 회사명을 메타로 바꿀 정도로 메타버스 시장을 선점하겠다는 의지가 강합니다. 페이스북은 SNS 시장의 최강자입니다. 페이스북의 월간 순 이용자가 25억 명, 인스타그램이 10억 명, 왓츠앱이 20억 명입니다. 여기에 VR 게임 기기 오큘러스2는 1,000만 대 넘게 팔리며 인기를 끌었습니다. SNS와 게임 시장을 잡고 VR 기기, AR글래스로 넘어가면서, 구글과 애플에 선두를 빼앗긴 플랫폼 시장의 최강자가 되겠다는 목표를 세우고 있습니다.

가장 강력한 메타버스 플랫폼 회사로 구글, 애플, 페이스북 3개 기업을 꼽는 이유는 메타버스가 모든 종류의 플랫폼을 집어넣을

(출처 : 네이버)

수 있는 거대 플랫폼이기 때문입니다. 예전에는 분야에 따라 최강자가 나뉘어져 있었습니다. SNS는 페이스북, 게임은 로블록스, 검색과 동영상은 구글이 최강자였죠. 메타버스는 이 모든 것을 걸고 운명의 한판을 하는 것입니다. 메타버스를 장악하거나 아니면 가진 것을 잃거나 둘 중 하나인 것입니다.

메타버스에 투자할 때는 가장 끝까지 살아남을 수 있는 기업을 선택해야 합니다. 그리고 비싸게 샀다가 주가가 하락하면 손실을 볼 수 있기 때문에 그나마 저평가된 기업에 투자해 리스크를 막아야 합니다. 메타 플랫폼스는 PER이 24배, 구글은 28배, 애플은 31배입니다. 로블록스는 연간 5,000억 원 적자, 유니티소프트웨어도 연간 6,000억 원의 적자를 내고 있습니다.

메타버스가 활발해지면 코인 거래도 늘어납니다. 미국 최대 코인거래소 코인베이스는 PER이 25배로 구글과 애플보다 비싼 편은 아닙니다. 다만 코인 시장의 호황이 지금처럼 계속될지는 모르기에 그만큼 주가가 빠져 있는 상태입니다.

메타버스와 관련해 그래픽이 발전할 가능성이 높습니다. 그러려면 성능 좋은 그래픽카드가 계속 나와야 합니다. 엔비디아는 PER이 92배, AMD는 45배로 다른 메타버스 플랫폼에 비해 주가가 높은 상태입니다.

메타버스는 앞으로 성장할 사업이지만 단기적으로 관심이 몰리면서 주가가 올라간 상황입니다. 하지만 메타버스 산업이 성장해도 주가가 계속 오르지 않는다면 대중의 관심도 사그라들겠죠. 주식시장에서는 역사적으로 그런 일들이 꽤 많았습니다. 그럴 때 성장 가능성이 있는 메타버스 기업을 저렴한 가격에 살 수 있습니다. 너무 조급해하지 말고 "내가 너밖에 살 주식이 없냐?" 하는 생각으로 계속 지켜보다가 저평가 구간에 들어왔을 때 사면 됩니다.

구글·애플·마이크로소프트·아마존, 하나만 투자한다면

구글, 애플, 마이크로소프트, 아마존은 나스닥을 이끄는 대형주들입니다. 투자자들이 미국주식에 열광하게 만든 주인공들이죠. 10년 수익률이 7~14배로 이 주식에 투자했다면 남들보다 더 빨리 부자가 되었을 것입니다. 아마존 같은 주식을 두 번만 만나면 15배×15배=225배의 자산 증식도 가능하겠죠.

10년 전의 플랫폼 주식들이 어떤 세상을 열어갔는지를 이해하고 투자 힌트를 발견한다면, 앞으로 10년 동안 오를 주식을 알아보

10년 주가 흐름

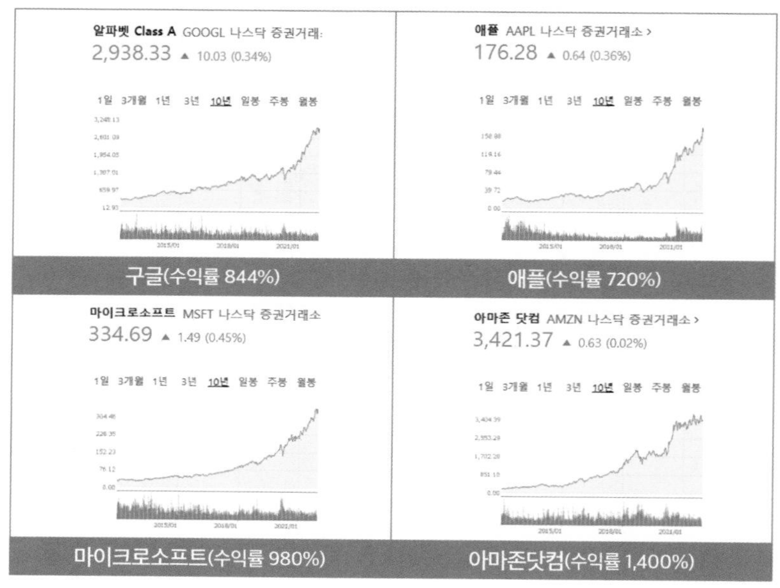

(출처 : 네이버)

는 눈을 기를 수 있습니다.

아마존(AMZN)은 세계 최대의 온라인 쇼핑몰이자 클라우드 서비스 기업입니다. 인터넷서점으로 시작해서 온라인 쇼핑으로 확장했습니다. 온라인 쇼핑 후발주자였음에도 고속 성장한 비결로 자동화 물류센터를 꼽을 수 있습니다. 또한 해외항공 직배송을 통해 고객들은 국내가 아닌 해외에서 가장 저렴한 물건을 살 수 있습니다. 고객들이 모이니 판매자도 늘어 아마존에는 없는 물건이 없습니다. 세계 최대 온라인 쇼핑몰이라면 물류량이 어마어마할 텐데 사람이 처리하려면 속도가 늦을 수밖에 없죠. 그래서 일찍이 자동화를 구축해 경쟁자가 따라올 수 없는 구조를 만들었습니다.

쇼핑몰 1위를 한 아마존은 다음 먹거리를 찾았습니다. 게임, 소프트웨어 플랫폼, 드론, 자율주행차에 진출했죠. 최근 상장한 전기차 회사 리비안은 아마존이 물류를 위해 투자하고 밀어주는 회사입니다. 2002년, 남는 서버를 놀리면 뭐 하나 하고 임대했는데, 될 사람은 된다고 클라우드 서비스 세계 1위가 되었습니다. 앞으로 클라우드 시장은 더욱 커질 분야입니다.

마이크로소프트(MSFT)는 윈도우 OS로 유명합니다. 워드, 엑셀 등 오피스 프로그램에서도 최강자로 군림하고 있습니다. 하지만 PC에서 모바일 환경으로 넘어가면서 구글의 안드로이드, 애플의 iOS에 밀려 성장세가 꺾였습니다. 단순히 OS 사업만으로 본다면 나스닥 빅4에 들어갈 수 없겠죠.

지금 마이크로소프트는 클라우드 시장에서 아마존과 투톱 체제를 구축하고 있습니다. 이미 클라우드 매출이 윈도우 매출을 넘어설 정도로 성장해 앞으로도 미래가 밝다고 할 수 있습니다. 여기에 그동안 주목하지 않은 강력한 신무기가 있는데 바로 엑스박스(Xbox) 게임기 사업입니다. 소니의 플레이스테이션에 대항하려 만들었다고 추측했는데, 앞으로 메타버스 세상이 열리면 엑스박스도 매우 성장성 있는 플랫폼으로 발전할 가능성이 있습니다. AT&T로부터 디지털 광고 플랫폼도 사들였습니다. OS, 게임, 클라우드, 광고를 메타버스에 결합하면 활용도가 더 높아질 것으로 기대됩니다.

구글(GOOG)은 대부분의 매출이 광고를 통해 얻어집니다. 사용자 수 40억 명으로 전 세계 검색시장을 장악한 데다 안드로이드 시스템으로 수집한 빅데이터를 활용한 광고로 수익을 내고 있습니다. 유튜브의 성장세도 날이 갈수록 커지면서 동영상 플랫폼 시장을 완벽히 장악했죠. 단순히 이것만으로도 매력적인 회사인데, 성공한 플랫폼 기업답게 또다시 미래에 투자하고 있습니다.

구글의 다음 먹거리는 인공지능과 자율주행입니다. 알파고의 위력을 우리는 바둑 대결을 통해 느꼈습니다. 세계 최강의 바둑 기사들이 AI를 상대로 패하거나 진땀승을 하는 모습을 보면서 앞으로 많은 일자리를 AI에게 빼앗기겠다는 생각이 들었습니다. 잃어버린 일자리의 수만큼 구글의 매출이 올라가는 구조가 되겠죠.

지금은 전기차가 대세이지만 그다음은 자율주행차 시장이 열립니다. 이때 구글과 애플이 치고 들어올 예정인데 인공지능을 탑재한 자율주행차는 어떤 모습일지, 얼마나 시장을 장악할지 기대됩니다. 그 외에도 구글은 넥스트 스마트폰인 AR글래스, 드론 배달, 스트리밍 게임 플랫폼 등을 준비하고 있습니다. 자신들에게 유리한 영역을 계속 확장하면서 시장을 빠르게 흡수하고 있는 모양새입니다.

애플은 아이폰과 iOS로 시장을 평정했습니다. 전 세계 스마트폰 이용자의 절반은 안드로이드폰을 쓰고 나머지 절반은 아이폰을 씁니다. 그 안에서 거래되는 앱 결제 금액의 약 30%를 애플이 수수료로 가져갑니다. 어떻게 보면 전 세계를 대상으로 세금을 거두고 있는 플랫폼 제국이나 다름없습니다. 그럼에도 애플은 지금의 이익에 만족하지 않고 다음 시장을 준비합니다. 사람들이 AR글래스를 통해 인터넷을 하고, 자율주행차인 애플카에서 거대한 아이폰을 즐기는 모습이 그려집니다.

애플의 강점은 다른 빅테크 기업들과 달리 뛰어난 브랜드 가치를 가지고 있다는 점입니다. 구글 고객이 애플 고객이 될 수는 있어도 애플 고객이 구글 고객으로 넘어가는 경우는 많지 않습니다. 애플의 디자인과 감성은 다른 기업들에게는 어찌해도 겨뤄보기 어려운 거대한 장벽입니다. 그래서 아마존, 마이크로소프트, 구글이 차지하고 있는 시장을 서서히 애플이 잠식할 수 있는 유리한 구조인 것입니다.

앞으로 10년 뒤에도 나스닥 빅4가 지금과 같은 수익률을 보여줄지 기대됩니다. 이 중에 일부만 살아남을 수도 있고 어쩌면 새로운 도전자 테슬라가 한자리를 차지할 가능성도 있습니다. 미래를 보는 눈을 가진 현명한 투자자만이 큰돈을 벌 수 있습니다.

엔비디아·AMD·퀄컴·인텔, 최고의 반도체주 찾기

반도체 하면 한국의 삼성전자, SK하이닉스, 대만의 TSMC를 최강자로 생각하는 투자자들이 많습니다. 하지만 이것은 생산에 한정된 관점입니다. 반도체는 범위가 매우 넓습니다. 단순화하면 설계, 생산, 판매로 이뤄지는데 설계업체의 대부분은 미국에 본사를 두고 있습니다. 생산만 OEM으로 하는 파운드리 사업의 설계와 판매는 미국 회사들이 합니다. 우리가 사용하는 애플, 퀄컴, 엔비디아 등의 제품은 실제로 다른 회사들이 생산하는 것이죠.

삼성전자와 인텔은 전 과정을 다루면서 자신들의 사업도 하고 다른 반도체 회사의 생산도 해줍니다. 반면 TSMC는 오로지 생산만 하는 회사이기 때문에 반도체 회사들 입장에서는 경쟁자가 아닙니다. 일을 맡겨도 기술 유출 염려가 적기 때문이죠.

이와 비슷한 사업구조가 화장품입니다. 우리나라 화장품 브랜드의 대부분은 연구, 디자인, 마케팅에만 집중하고 생산은 한국콜마, 코스맥스 2곳 중 한 군데에서 진행하고 있습니다.

반도체도 마찬가지입니다. 생산을 전담하는 대만의 TSMC도 돈을 벌지만 장기적으로 보면 기술력과 브랜드를 갖고 설계와 판매를 하는 미국의 팹리스(Fabless, 반도체 공장 없이 설계와 개발만 하는

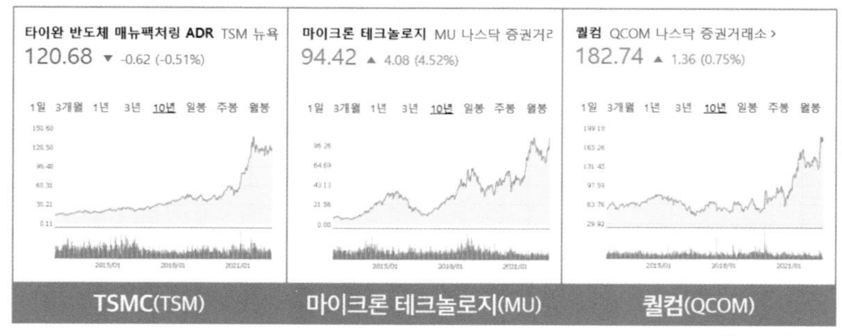

(출처 : 네이버)

회사)가 더 유리한 사업구조를 가지고 있습니다.

2021년 반도체 기업의 매출 규모를 보면 1위 삼성전자, 2위 인텔, 3위 TSMC, 4위 SK하이닉스, 5위 마이크론, 6위 퀄컴, 7위 엔비디아입니다.

메모리 반도체는 삼성전자, SK하이닉스, 마이크론이 시장을 3등분하고 있습니다. 대규모 생산을 하는 사업구조로 매출 규모가 큰 편입니다. 비메모리 반도체는 종류가 다양하고 주문생산 방식이라 분야마다 강자가 다릅니다. 팹리스 분야의 매출 비중을 보면 퀄컴(15%), 엔비디아(10%), 어드벤스 마이크로 디바이스(7%), 애플(6%) 순입니다.

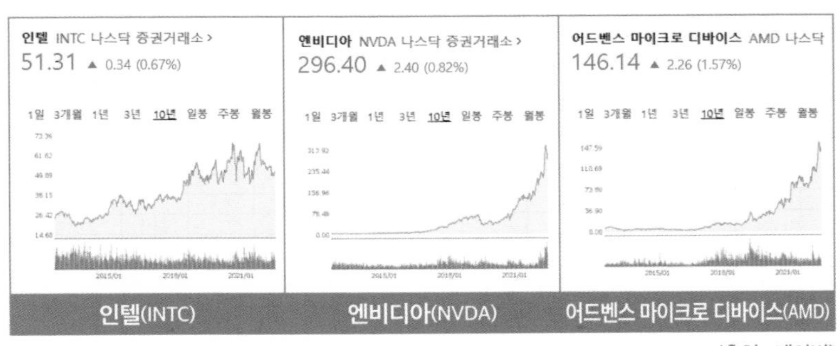

인텔(INTC) 엔비디아(NVDA) 어드벤스 마이크로 디바이스(AMD)

(출처 : 네이버)

퀄컴은 통신 반도체 전문 기업으로 주력 매출은 통신 장비인 모뎀(시장점유율 41%)과 스마트폰용 CPU인 AP(시장점유율 36%)입니다. 그 밖에 와이파이, 블루투스, RF 부품으로 매출을 올리고 있습니다. 퀄컴은 5G 통신이 전 세계로 확대될수록 수혜를 입는 구조입니다. 5G 기술을 통해 다양한 영역으로 확장할 수 있는데, 향후에는 자율주행 솔루션 사업에도 진출할 가능성이 높습니다.

엔비디아는 그래픽카드가 주력 매출인 기업입니다. 과거에는 CPU에 연산을 모두 맡겼다면 현재는 그래픽카드(GPU)와 연산을 나눠서 합니다. CPU는 일을 순서대로 처리하는 역할을 하고, GPU는 동시에 처리하는 역할을 합니다. 단순하고 많은 양을 빠르게 처리하는 데는 GPU가 더 효율적입니다.

비트코인을 채굴할 때 필수품이 그래픽카드입니다. 비트코인 가격이 오르면 채굴 수요가 늘어나 그래픽카드 가격도 올라갑니다. 그래서 엔비디아는 반도체 기업인 동시에 암호화폐 수혜주입니다. 또한 메타버스가 성장할수록 그래픽카드 수요가 커지니 메타버스 수혜주이기도 합니다.

엔비디아의 신성장 사업인 데이터센터용 AI 프로세서 판매에서도 그래픽카드에 못지않은 매출이 나옵니다. 전년 대비 55% 성장했으니 히든카드가 될 가능성이 높습니다. 그리고 지금은 매출이 크지 않지만 자율주행차 반도체 칩과 프로그램을 개발, 판매하고 있어 향후 신성장 동력이 될 수 있습니다.

AMD는 IBM의 리사수를 부사장으로 영입하면서 기적을 일군 기업입니다. 인텔의 독점 분야라고 알려진 CPU 시장을 양분해버렸죠. 고가의 CPU를 구가하던 인텔과 달리 성능은 조금 부족해도 가성비로 승부하면서 시장점유율을 빠르게 늘리다가 지금은 성능도 우수한 수준에 올랐습니다. 그리고 인텔의 독점 부문인 서버용 CPU 시장점유율도 AMD가 서서히 뺏어와 아마존, 구글, 오라클에 납품하고 있습니다. 이 밖에 게임기용 CPU인 APU와 그래픽카드도 판매하고 있습니다.

인텔은 삼성전자처럼 설계, 생산, 판매를 모두 하는 반면 AMD는 설계에만 집중하고 생산을 TSMC에 맡기면서 자금을 효율적으로 사용합니다.

반도체 부문에서는 마이크론, TSMC, 퀄컴, 엔비디아, AMD, 인텔에 투자하는 방법이 있는데, 기술과 수율(%, 100-불량률) 경쟁이 치열한 만큼 업계 정보에 귀를 기울여야 합니다. 어떤 회사가 3나노 기술을 먼저 시작해 양산한다는 뉴스가 나와도 수율이 제대로 잘 나오는지를 따져봐야 합니다. 100개를 만들어서 10개가 성공하면 90개는 버려야 하니 마진이 나올 리 없습니다. 중국 반도체 업체들이 문을 닫은 가장 큰 이유가 낮은 수율입니다. 삼성전자는 TSMC와 치열한 경쟁을 하고 있습니다. 특히 수율에 대한 정보는 일반인이 접근할 수 없기 때문에 주가의 움직임이 심상치 않으면 수율을 먼저 의심해봐야 합니다.

반도체는 생활 필수품이 아닙니다. 가전제품, 스마트폰, 컴퓨터, 게임기 등 고가 제품에 들어가므로 경기 호황에는 많이 팔리고 불황에는 적게 팔립니다. 주가도 호황과 불황에 따라 들쭉날쭉한 모습을 보입니다. 반도체 주식은 호황이 아닌 불황에 사야 제대로 수익을 낼 수 있습니다.

바이든의 1,200조 원 인프라 수혜 기업들

미국의 조 바이든 대통령이 2021년 11월 1,200조 원 규모의 인프라 법안에 서명하면서 향후 5년간 인프라에 예산이 투입됩니다. 연 240조 원의 일감이 발주되는 것이라 관련 기업들은 호황이 예상됩니다.

인프라 구축 예산의 세부내역을 보면 철도·항구 현대화(660억 달러), 전력망 개선(730억 달러), 5G 인터넷(650억 달러), 기후 변화 대응(470억 달러), 환경 프로젝트(210억 달러), 수도망 현대화(150억 달러), 전기차 지원(75억 달러), 농촌 교통 개선(20억 달러)입니다.

가장 많은 돈이 투입되는 철도·항구 현대화 작업은 노후된 물류 시스템의 속도를 높이는 일입니다. 브라질이 가난한 이유 중 하나가 인프라에 투자를 하지 않아 생산성이 떨어지기 때문입니다. 물류 속도가 빨라지면 미국의 제조업체가 이익을 보기 때문에 GDP가 상승할 겁니다.

철도를 새로 깔려면 많은 철이 필요합니다. 철강주가 가장 직접적인 수혜를 보겠죠. 미국의 대표적인 철강회사로 뉴코, US스틸이 있습니다. 뉴코는 시총 38조 원, 배당 1.8%, PER 6.5배로 현재 철강업 호황과 맞물려 1년간 주가가 2배 올랐습니다. US스틸은 시총 7조 원, 배당 0.9%, PER 2.2배로 1년간 주가가 50% 올랐습니다. 10년 넘게 불황을 겪다가 이제 주가가 오르는 시기이기 때문에 대중은 아직 철강주에 대한 두려움을 가지고 있습니다. 게다가 철강주 수혜가 앞으로도 계속될지 알 수 없습니다. 미국 철강주는 유럽, 한국, 일본, 중국 철강 관세의 영향을 받기 때문에 관련 뉴스를 꼼꼼히 챙겨봐야 추이를 파악할 수 있습니다.

항구 건설에는 많은 콘크리트가 들어갑니다. 시멘트 회사의 매출이 늘어나겠죠. 미국에 본사를 둔 대형 시멘트 회사는 없으니 다국적 시멘트 회사 또는 멕시코 시멘트 회사에 투자하는 방법이 있습니다. 미국 증시에서 ADR(미국의 주식예탁증서)로 거래되는 멕시코 시멘트 회사 시멕스가 있습니다. 시총 12조 원, PER 15배로 업종 대비 저평가 상태는 아닙니다. 배당도 하지 않으니 안전장치도 없습니다.

시멘트 주식이라면 글로벌 최대 시멘트 회사인 홀심(Holcim)에 투자하는 것이 더 낫습니다. 70개국에서 시멘트를 생산, 판매하고 미국 내에서도 점유율 1위 기업입니다. PER 13배, 배당수익률 4%이기 때문에 시멕스보다 좀 더 나은 선택이 될 수 있습니다. 다만 홀심은 미국 증시에 상장하지 않고 스위스와 파리 증시에 상장했

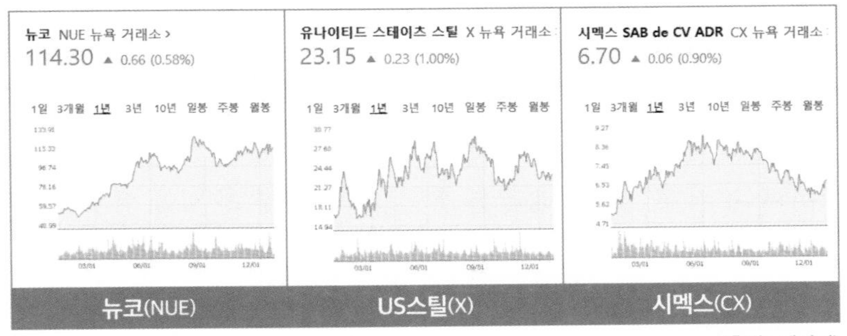

뉴코(NUE) US스틸(X) 시멕스(CX)

(출처 : 네이버)

기 때문에 유럽 주식으로 매수해야 합니다.

미국에 가보면 의외로 한국보다 느린 통신 속도, 노후화된 전선들이 많습니다. 그만큼 미국은 오랫동안 인프라 투자가 이뤄지지 않았습니다. 땅이 넓기도 하고 정치적 우선순위가 아니다 보니 예산을 제대로 편성하지 못한 탓도 있습니다. 이제야 밀린 숙제를 하는 느낌이죠. 전력망, 통신망을 개선하려면 전선 케이블이 필요합니다. 전선 쪽은 미국 제품과 해외 저가 제품이 치열한 경쟁을 벌일 예정이라 한국이나 중국, 베트남의 전선 회사가 더 유망할 수도 있습니다.

그럼에도 불구하고 미국에는 코닝이라는 매력적인 기업이 있습니다. 우리에게는 삼성과 협력해서 만든 유리 회사 삼성코닝정밀소재로 유명합니다. 2013년 삼성이 경영권에 참여하지 않는 대신 코닝 본사 지분을 인수하며 최대주주로 올라섰습니다. 당시 주가가 10달러 정도였으니 250% 수익을 올린 투자였죠. 지금도 코닝은 배당수익률 2.6%로 괜찮은 우량주입니다. 유리 사업 외에도 5G에 필수인 광섬유 케이블 분야에서 시장점유율 16%를 차지하는 글로벌 1위 기업입니다.

그 외 전기차에도 예산이 투입됩니다. 2021년에 통과한 인프라 법안에서 전기차 예산이 포함되어 있고, 2022년 들어 논의되고 있는 사회복지성 지출 법안에서도 전기차 예산이 포함됩니다. 그만큼 미국은 전기차 인프라에 신경을 많이 쓰고 있다는 뜻입니다.

관련 기업으로 미국과 유럽에서 전기차 충전소 점유율 1위(73%)인 차지포인트가 있습니다. 전기차 충전소는 기존 주유소와는 다른 모습을 보일 겁니다. 전기차 충전은 대략 30분가량 걸리기 때문에 시장점유율이 높은 기업일수록 빈 충전기가 있는 곳에 대한 정보 공유, 예약 기능 서비스를 제공하기에 유리합니다. 더불어 충전하는 동안 고객들에게 콘텐츠나 광고도 제공할 수 있습니다. 어차피 남는 시간이니 고객들의 참여율도 높겠죠.

차지포인트는 단순한 충전소가 아닌 전기차 플랫폼으로 진화할 가능성이 높습니다. 이 충전소 확대를 위해 미국 예산이 지원된다면 지금은 적자이지만 앞으로 높은 수익을 낼 수 있습니다.

전기 버스를 만드는 프로테라도 인프라 예산의 수혜주입니다. 미국 내 공공기관을 중심으로 전기 버스로 교체하는 분위기가 조성될 겁니다. 그럼 북미 전기 버스 점유율 1위인 프로테라의 판매

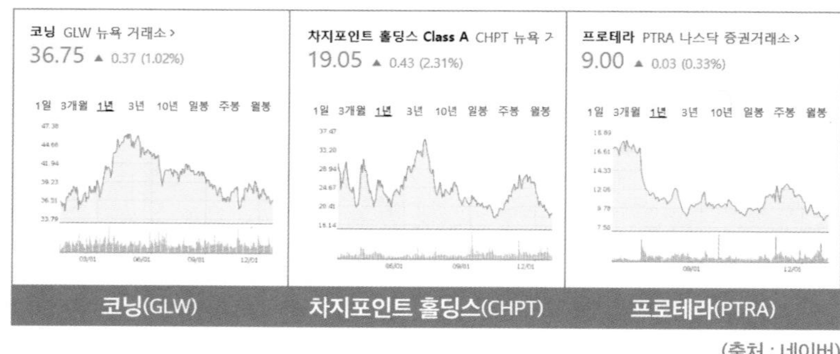

코닝(GLW) 차지포인트 홀딩스(CHPT) 프로테라(PTRA)

(출처 : 네이버)

가 늘어나겠죠. 실제로 그동안의 적자 구조를 벗어나 2021년 3분기부터 430억 원의 순이익을 내기 시작했습니다. 연간 순이익은 1,700억 원가량이며, 현재 시총이 2조 3,000억 원으로 PER은 13.5배입니다.

이렇게 국가 예산 등 막대한 돈이 흘러가는 곳에 수혜주가 있습니다. 이런 수혜주들은 예산이 지원되기 전에 선반영되어 주가가 오르는 경우도 있고, 한 박자 늦게 오르기도 합니다. 선반영되어 있다면 투자할 필요 없지만 아직 주가가 움직이지 않았다면 시장 점유율 1위인지, 언제부터 흑자가 나는지, 미래에 PER이 몇 배가 될지를 계산하면서 투자하면 좋은 결과가 있을 것입니다.

4장

미국 부자들이 주목하는 해외주식

명품 대신 명품을 만드는 회사에 투자하라

현재 미국은 세계에서 가장 잘사는 나라이고 글로벌 브랜드를 가장 많이 보유하고 있지만 그 뿌리를 보면 유럽인들이 개척한 나라입니다. 그래서 문화적으로는 유럽이 더 우위라고 생각하는 유럽인들이 많습니다.

대표적으로 고가의 명품 브랜드들은 모두 유럽에 있죠. 유럽의 명품은 유구한 역사와 함께 성장했습니다. 미국 브랜드들은 대중적이지만 왕실의 품격을 가지고 있지는 못합니다.

유럽에는 왕실이 존재하는 국가들이 있습니다. 호주, 캐나다, 뉴질랜드의 왕실은 형식적이지만 영국은 여왕이 총리를 임명합니다. 정치적 권한은 없지만 왕실의 정통성을 인정합니다. 그런 왕실에 납품하는 브랜드라면 누구나 한 번쯤 가져보고 싶겠죠.

예를 들어 왕실의 보석상 카르티에, 가방을 납품한 루이비통, 마구용품을 납품한 구찌는 주 고객이 왕실과 귀족이었습니다. 프랑스혁명 이후로 왕실은 사라지거나 권력이 축소되었고, 그 대신 돈 있는 시민계급이 성장해 명품들을 확장시켰습니다. 즉, 예전에는 권력 있는 사람만 명품을 가질 수 있었지만, 이제는 돈 있는 사람이 왕실의 품격을 지닌 명품을 가질 수 있게 된 것이죠. 그래서 명품 가격은 사실상 그리 중요하지 않습니다.

이렇듯 역사와 문화적 요인 때문에 명품 수요는 줄어들지 않을 것이라고 봅니다. 미국이 부흥하던 시기에는 유럽 명품에 대한 수요가 높고 모조품도 성행했습니다. 이후 경제 규모가 커진 일본이 주요 명품시장으로 부상했습니다. 그러다 한국도 주목할 만한 명품 소비 국가가 되었습니다. 2018년 명품 가방 소비 규모 세계 4위가 한국입니다. 1위 미국 17조 원, 2위 중국 6조 원, 3위 일본 6조 원입니다. 4위 한국은 3조 원이고, 프랑스(3조 원)와 홍콩(2조 5,000억 원)이 그 뒤를 따르고 있습니다. 10위 중 5개국이 아시아일 정도로 명품 소비가 많습니다.

특히 세계 명품시장에서 중국의 약진이 눈에 띕니다. 2010년 이후 비약적으로 경제가 성장한 중국은 자국민들의 해외여행이 증가하면서 명품시장의 큰손으로 급부상했습니다. 중국에 생산기지를 차리는 명품 브랜드들도 늘고 있습니다.

명품시장의 성장이 빨라지는 시점은 급격한 경제 성장을 이룬 국가가 탄생할 때입니다. GDP가 빠르게 늘어난 나라들이 샴페인을 터뜨릴 때 명품시장도 커집니다. 지금은 베트남, 인도, 인도네시아의 성장 속도가 빠른데 향후 새로운 명품 소비 국가가 될 것으로 예상됩니다.

명품은 경기가 좋을 때 '베블런 효과(Veblen Effect)'를 보고, 경기가 나쁠 때는 '립스틱 효과'를 봅니다. 베블런 효과는 과시와 허영으로 고가 제품을 구매하는 심리로 제품이 비쌀수록 잘 팔리는 현상을 뜻합니다.

경기 호황 시 주요 명품들은 베블런 효과를 크게 누립니다. 반대로 경기가 나빠지면 명품으로 자존감을 채우고 싶어 하는 심리로 인해 사람들이 비교적 싼 명품을 찾습니다. 립스틱은 명품이라고 해도 가격이 낮은 축에 속하기 때문에 시도해볼 수 있죠. 이와 더불어 불경기에는 커피, 디저트, 호캉스, 동남아 여행 등 '스몰 럭셔리' 상품이 빛을 발합니다.

명품 관련 주식에는 어떤 것들이 있을까요? 프랑스 증시를 통해 명품 기업의 주식을 살 수 있습니다. 루이비통이 속한 다국적 기업 LVMH의 주가는 5년 전 180유로에서 2021년 730유로로 300% 수익률을 올렸습니다. 연평균 수익률도 32.3%로 훌륭한 투자였죠. 구찌가 속한 명품 그룹 케링(Kering)은 5년간 200유로에서 707유로로 250% 상승했습니다. 연평균 28.7%이죠. 버킨백으로 유명한

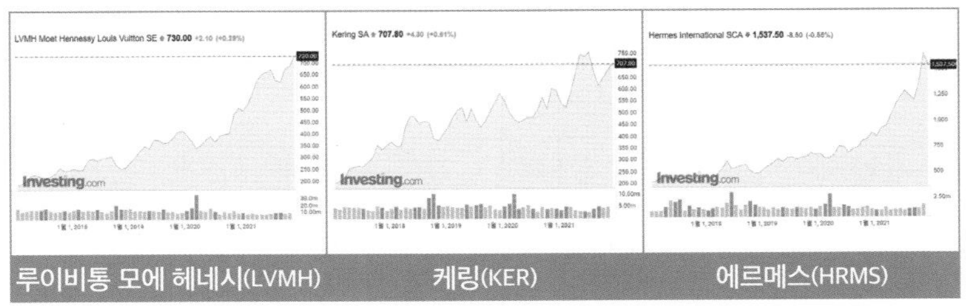

루이비통 모에 헤네시(LVMH) 케링(KER) 에르메스(HRMS)

(출처 : 구글)

에르메스는 5년간 393유로에서 1,537유로로 291% 상승했습니다. 연평균 31.4%입니다.

명품시장은 GDP가 늘어날수록 함께 고속 성장을 합니다. 연평균 30%씩 주가가 상승하는 기업을 찾기란 쉽지 않은데 명품 관련 주식에서는 쉽게 볼 수 있습니다. 주가와 부동산이 올라 부자가 늘어나도 명품의 수는 정해져 있기 때문입니다. 더구나 가격을 올릴수록 사람들은 더 열광합니다. 가격 인상에 대한 고객 부담이 덜한 것이 바로 명품시장입니다.

최근에는 명품 제품들이 미키마우스 등 캐릭터 콜라보를 적극 추진하면서 명품을 소비하는 계층이 MZ세대로 내려왔습니다. 주머니가 가벼워 명품 소비가 어려울 것이라고 생각했던 20대가 소비자로 들어온 것입니다. 20대부터 명품을 소비한 세대는 30대, 40대가 되어서도 명품 소비에 돈을 아끼지 않을 겁니다. 20대들이 선택한 브랜드는 향후 30~40년간 꾸준히 사랑을 받겠죠. 명품의 영토가 넓어지는 것처럼 명품의 수명도 길어지는 겁니다.

명품주에 투자할 때는 젊은 층이 사랑하는 브랜드를 고르는 것이 장기투자로 더 유리합니다. 메타버스도 10대에게 얼마나 소비

되고 있는 플랫폼인가가 중요합니다. 10대들이 20대가 되어서도 메타버스는 유행의 중심이 될 테니까요. 은행들도 대학생과 초중고 학생에게 홍보하는 데 열을 올립니다. 네이버와 카카오도 어린이 고객을 사로잡기 위한 콘텐츠를 공급합니다. 예비 성인 고객들을 미리 확보해야 브랜드의 수명이 길어지기 때문입니다.

LVMH나 케링은 명품 그룹이기 때문에 당장은 루이비통과 구찌의 매출에 주목하지만 향후 어떤 브랜드가 성장할지 살펴보면 더 많이 오를 주식을 찾는 데 도움이 됩니다. LVMH에는 디올, 펜디, 겐조, 루이비통, 마크제이콥스, 불가리, 태그호이어, 티파니와 양주 브랜드들이 포진하고 있습니다. 케링은 구찌 외에도 발렌시아가, 보테가베네타, 생로랑 등의 브랜드를 보유하고 있습니다.

여러분은 백화점, 아웃렛, 면세점에 갔을 때 의외로 줄이 긴 브랜드를 발견할 것입니다. 그 브랜드를 검색해보고 왜 유행하는지 확인하면 좋은 투자 정보를 발견할 수 있을 겁니다. 2016년쯤부터 구찌가 그런 모습을 보여줬습니다. 크리에이티브 디렉터가 알렉산드로 미켈레로 바뀌면서 기존 구찌의 패턴에 동물과 캐릭터가 입혀졌습니다. 고객들은 더 새로워진 디자인에 열광하면서 구찌 매장 앞에 기꺼이 줄을 섰습니다. 실제로 2020년에는 LVMH 라인보다 보테가베네타, 발렌시아가 등이 예상보다 핫한 모습을 보여줬습니다.

2040년 세계 2위 국가로 떠오를 인도

20년 전, 중국 관련 TV 뉴스에는 수많은 시민들이 자전거로 출퇴근하는 광경이 빠지지 않았습니다. 20년이 지난 현재 중국의 도시들은 높은 빌딩과 쭉쭉 뻗은 도로, 고속철도를 자랑하며 굉장한 발전을 이뤘습니다.

과거에는 중국산 제품에 대해 품질이 낮다는 인식이 많았지만 2015년 두각을 드러낸 샤오미를 계기로 인식이 좀 더 좋아졌습니다. 지금은 중국이 반도체, 전기차, 배터리, 핀테크, 디스플레이 등

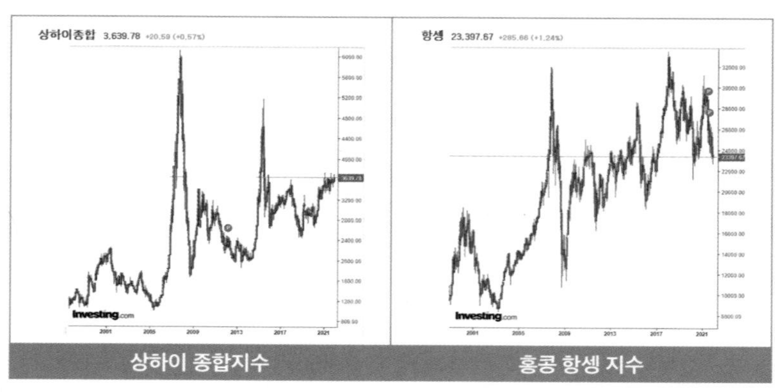

상하이 종합지수 / 홍콩 항셍 지수

(출처 : 인베스팅닷컴)

한국의 주력 수출상품을 위협하는 수준이 되었습니다. 단 20년 만에 말이죠.

20년 동안 내국인 중심인 상하이 종합지수, 외국인 투자자 중심인 홍콩 항셍 지수 모두 크게 상승했습니다. 신흥국의 특성상 경기 호황에 급등하고 불황에 급락을 반복하지만 장기적으로는 우상향한 모습입니다. 20년간 지수가 3배 정도 상승했고, 신흥국의 경기가 고점이었던 2005년부터 2007년까지 2년 동안 상하이 종합지수는 5배나 올랐습니다.

이 같은 지표에서 보듯 신흥국 투자는 절대 고점에서 사면 안 됩니다. 경기 호황과 불황에 민감하기 때문에 '장기투자는 수익률

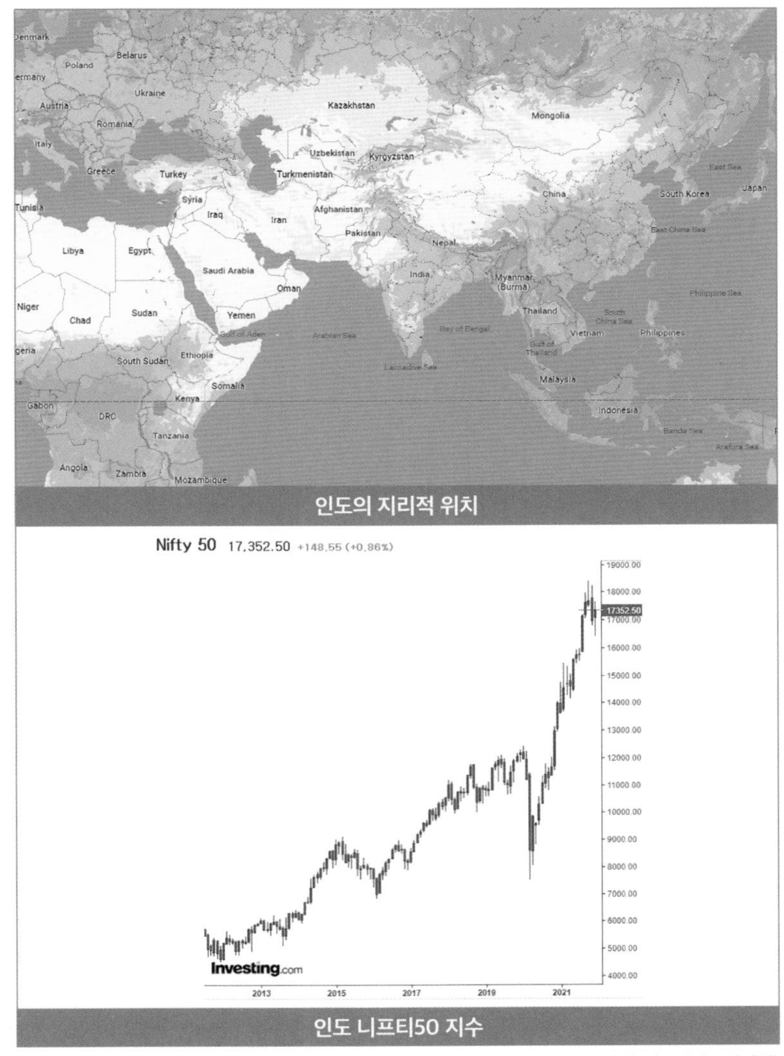

인도의 지리적 위치

인도 니프티50 지수

(출처 : 인베스팅닷컴)

이 오른다'는 원칙에도 불구하고 고점에서는 이익이 나지 않을 수 있습니다. 2007년 상하이 종합지수에 투자했다면 14년이 지난 지금 반토막에 가까운 손실을 입었을 겁니다.

이제는 중국에 투자하기보다 제2의 중국을 찾아야 합니다. 가장 유력한 나라는 인도입니다.

인도를 중심으로 왼쪽에 중동과 유럽이 있고 오른쪽으로는 아시아와 호주가 있습니다. 인도는 아시아에서 유럽으로 수출하는 길목에 있습니다. 또한 중동에서 아시아로 석유를 수출하는 길의 중간에 위치합니다. 물류, 에너지 허브 국가로서 성장하기 아주 좋은 입지죠.

인구도 14억 명으로 중국과 별 차이가 없습니다. 게다가 인구구조가 매우 유리합니다. 평균 연령이 가장 젊은 국가 중 하나이고 인구 정점은 2057년쯤 될 것입니다. 반면 한국은 2020년이 인구 정점이었고, 중국은 2022년 정도로 예상하고 있습니다. 제조업 기반 국가의 인구가 정점을 찍고 내려온다는 것은 소비와 생산이 둔화된다는 것을 의미합니다.

한국의 GNP는 3만 달러가 넘고 중국은 1만 달러입니다. 반면 인도는 1,900달러로 중국에 비해 아직 한참 적습니다. 단순 계산으로는 중국 1인 근로자의 임금이 인도 5인 근로자의 임금과 같다고 보면 됩니다. 인건비 절감을 원하는 다국적 기업들에게 인도는 그만큼 매력이 큰 편이죠.

여기에 인도의 공용어는 힌디어와 영어입니다. 다국적 회사들에게 영어가 통하는 근로자는 꽤 높은 점수를 받습니다. 더구나 IT, 수학, 과학이 발전한 나라답게 미국의 유명 IT 기업의 CEO와 임원들 중에 인도 출신이 많이 포진되어 있죠. 앞으로 성장이 유망한 4차 산업 분야에서도 강점을 발휘할 국가입니다.

인도는 신흥국에서 가장 큰 리스크로 작용하는 지도자 문제도 없습니다. 친자본주의 성향을 보이는 모디 총리는 글로벌 자본을 유치해 경제 성장을 하기 위해 세제 개편, 인프라 구축, 고속도로 건설 등을 추진하고 있습니다. 기업들은 다른 나라보다 적극적인 인프라 투자 현황과 인센티브에 매력을 느낄 수밖에 없습니다.

나아가 인도에 생산기지를 건설하는 것은 다른 나라보다 유리한 점이 있습니다. 14억 인구가 소비하고 유럽, 아시아로 수출한다면 가격 경쟁력에서 유리한 조건을 가지게 됩니다. 아시아의 경제

시가총액 순위	기업명	업종	시가총액	PER
1위	릴라이언스 (RELI)	석유, 화학, 통신, 쇼핑, IT	240조 원	30배
2위	타타 컨설턴시 서비스 (TCS)	IT (소프트웨어)	220조 원	38배
3위	HDFC 뱅크 (HDFC)	은행	131조 원	24배
4위	인포시스 (INFY)	IT(컨설팅, 아웃 소싱)	128조 원	38배
5위	힌두 유니레버 (HUL)	생활용품	90조 원	65배

성장이 상당히 빠른 편이니 아시아 수출 기지 역할을 할 수 있습니다.

인도의 시가총액 1위 기업은 릴라이언스입니다. 석유화학을 필두로 통신, 쇼핑까지 장악한 거대 기업입니다. 유가 상승과 릴라이언스의 주가 움직임은 비슷한 모습을 보입니다. 릴라이언스 주식은 영국에 주식예탁증서(DRC)로 상장되어 매수할 수 있습니다. 릴라이언스의 가장 알짜 자회사인 지오플랫폼은 페이스북, 구글, 인텔, 퀄컴이 투자한 음악, 쇼핑, 비디오 플랫폼으로 나스닥에 상장 예정입니다.

미국 증시에서 인도 기업에 직접투자를 할 수도 있습니다. 3위 HDFC 뱅크, 4위 인포시스, 6위 ICICI 뱅크와 타타모터스(자동차), 와이프로(IT), 닥터 레디스 랩스(제약) 등의 주식을 ADR(미국의 주식예탁증서)로 매수하는 것이죠.

가장 무난한 방법은 미국 증시에서 인도 ETF인 INDA를 사거나 국내에서 인도 ETF를 매수하는 방법입니다. 시총 30위 또는 50위까지 구성되어 있기 때문에 ETF에 투자해도 지수와 같은 수익을 거둘 수 있습니다.

고배당 고수의 베트남 주식 투자법

베트남은 최근 급성장하고 있는 신흥국 중 하나로 남중국해 연안에 있는 나라입니다. 남중국해는 군사적, 경제적으로 매우 중요한 곳입니다. 세계적인 제조업 국가인 한국, 중국, 일본, 대만이 유럽과 중동으로 가려면 남중국해를 지나 싱가포르를 거쳐야 합니다. 그 덕분에 싱가포르는 물류와 금융 허브국가로 성장할 수 있었고, 베트남도 남중국해에 긴 해안선을 걸치고 있어 수출, 수입 모두 유리한 국가입니다.

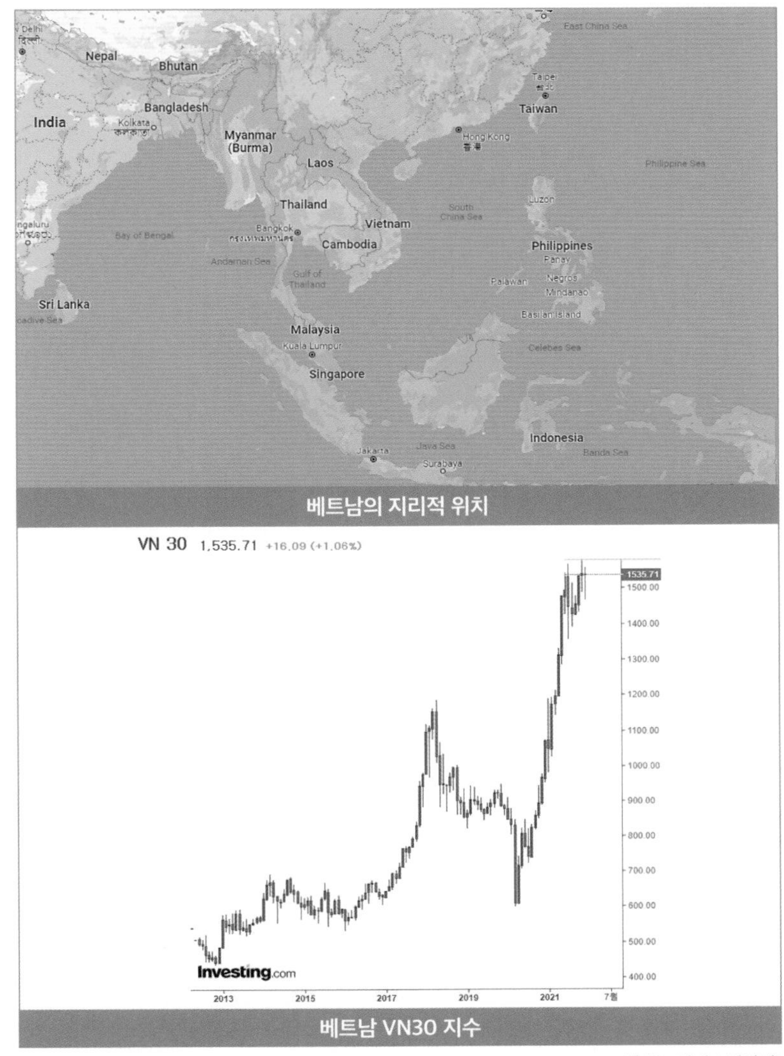

베트남의 지리적 위치

베트남 VN30 지수

(출처 : 인베스팅닷컴)

GNP는 2,800달러 수준으로 중국의 1만 달러에 비해 28% 수준입니다. 인건비에서 유리한 조건을 갖추고 있죠. 그리고 중국과 인접해 있어 중국의 지리적 대체재 역할을 하기에도 유리합니다. 베트남 인구는 1억 명에 이르러 내수시장도 좋은 편이고 인접국인 라오스, 캄보디아에 수출도 가능합니다.

미중 무역분쟁과 공급난으로 중국에 의존했던 생산기지 분산 필요성에 따라 베트남은 특수를 누리고 있습니다. 지금 베트남 하노이와 호치민은 건설 붐이 일고 있습니다. 외국 공장들이 하노이와 호치민 주변으로 몰리자 농촌 청년들이 도시에서 취업하고 가정을 이루면서 주거지가 부족한 상황입니다. 또한 외국인 유입이 늘어나 그들이 거주할 만한 콘도와 아파트도 인기가 있습니다.

또한 구도심은 많이 낡아 재개발을 해야 하고, 도시 외곽은 베드타운이 형성되는 상황입니다. 그래서인지 베트남 증시의 시가총액 상위 주식은 건설사, 부동산 개발업체, 은행들로 구성되어 있습니다.

하지만 건설주의 주가가 최근 상당히 오른 만큼 리스크도 높습니다. 건설 경기는 호황과 불황에 따라 크게 변동하는데 지금 건설주를 샀다가 불황에 걸리면 상당한 손실을 감수해야 합니다. 하지만 길게 보면 건설 일감이 10년 이상 남아 있으므로 건설주가 급락하는 시기가 왔을 때 투자를 고려해볼 만합니다.

베트남 시총 1위는 빈 그룹인데 급등한 베트남 지수와 다르게 주가가 별로 오르지 않았습니다. 빈 그룹은 부동산으로 돈을 벌어 자동차, 스마트폰 사업에 진출했지만 신통치 못한 성과를 내고 있습니다. 자동차와 스마트폰 모두 엄청난 자본이 투입되는 사업으로 여기서 수익을 내지 못하면 빚더미에 올라앉게 됩니다. 더구나 시장의 분위기가 전기차로 넘어가고 스마트폰 분야도 성장의 한계에 도달했습니다. 빈 그룹의 사업들은 추가 투자가 필요한 상황이고 투자를 진행한다 해도 수익으로 이어질지는 불투명합니다.

2019년 빈 그룹이 빈마트를 마산 그룹에 매각했는데 빈 그룹의 자금난으로 마산 그룹이 횡재를 한 셈이 되었죠. 이후 빈 그룹은 그전보다 주가가 하락했고 마산 그룹은 3배 가까이 상승했습니다. 마산 그룹은 내수시장을 꽉 잡은 기업으로 시총만 10조 원이 넘습니다. 동남아시아의 주 식재료인 피시소스, 라면, 커피 점유율 1위 기업이기도 합니다. 은행과 광업에도 진출해 다른 그룹에 비해 내수 비중이 높아, 불경기에도 주가 방어가 강한 주식입니다.

호아팟 그룹은 베트남의 포스코라 보면 됩니다. 건설, 제조업이 성장하면 철강업도 동반성장할 수밖에 없습니다. 또한 베트남의 영토는 위아래로 길쭉한 모양이어서 남북 물류 연결을 위해 철도, 고속도로, 항구 건설이 필수입니다. 최근 베트남 지하철도 개통되었는데 앞으로 더 늘어날 계획이라 철강업의 미래가 밝다고 봅니다.

(출처 : 네이버)

베트남 투자를 하려면 베트남의 현재 상황을 면밀하게 이해해야 합니다. 미중 무역분쟁과 공급난을 해결하기 위한 대안으로서 기초화학 제품들의 수요가 늘어날 것입니다. 물론 외국 자본이 베트남으로 들어와 공장을 짓고 근로자가 늘어나면 기존처럼 은행과 건설도 성장하겠죠. 하지만 이미 베트남 시총 상위 주식들로 ETF 수급 쏠림이 나타나 주가가 크게 올랐습니다.

베트남은 외국인 수급이 덜 들어온 낮은 시총의 스몰캡 투자가 좀 더 유리합니다. 배당에 후한 기업들도 많으니 배당수익을 받으면 만약의 사태에 안전벨트가 될 수 있습니다.

그중 하나가 고무입니다. 업종 1위는 베트남고무 그룹(GVR)인데 시총 8조 원에 육박하는 기업으로 PER 31배, 배당수익률 1.5%입니다. 이보다 시총이 낮은 푸옥호아고무(PHR)는 시총 5,000억 원이지만 PER 32배, 배당수익률 6%로 배당 면에서는 베트남고무 그룹보다 더 안정적입니다. 동푸고무(DPR)는 시총 1,500억 원으로 규모는 작지만 베트남 현지 기준으로 보면 작은 기업이 아닙니다. PER 17배, 배당수익률 4%로 저평가되어 있으면서 배당도 좋은 편입니다.

플라스틱 사업은 경기민감주이면서도 가격 경쟁력이 중요하므로 중국에서 베트남으로 사업이 넘어올 가능성이 높습니다. 빈민 플라스틱(BMP)은 시총 2,500억 원, PER 23배, 배당수익률 10%이고, 티엔퐁플라스틱(NTP)은 시총 3,700억 원, PER 19배, 배당수익률 4%입니다. 하노이플라스틱(NHH)은 시총 760억 원으로 규모는 작지만 PER 14배, 배당 2.5%로 저평가된 기업입니다. 이 회사는 금형, 산업용 용기, 건축자재, 배관, 통신기기, 오토바이 및 자동차 부품, 가전제품 등에 들어가는 플라스틱을 주로 생산하고 있어 건설보다 제조업과 연관이 깊습니다.

베트남은 커피 원산지로 유명합니다. 그래서 베트남 커피 주식도 있습니다. 비나카페비엔호아(VCF)는 베트남 인스턴트커피 시장에서 G7, 네스카페 다음으로 인지도를 보유하고 있습니다. 인스턴트커피 시장은 베트남에서 매년 10%씩 성장하고 있고 최근에는 원두커피 수요가 늘어나 프리미엄커피 시장도 커지고 있습니다. 이 주식은 PER 12.5배, 배당수익률 10.4%로 주가와 배당 모두 매력적입니다. 다만 문제는 최대주주인 마산 그룹의 주식 보유 비중이 99%에 가깝다는 것입니다. 거래량이 매우 적어 원하는 만큼 주식을 사기가 어렵습니다.

아시아 생산기지로 떠오른 인도네시아

인도네시아는 여러 섬으로 이뤄진 나라로 과거 네덜란드의 지배를 받았습니다. 그래서 언어는 인도네시아어를 쓰지만 문자는 소리 나는 대로 알파벳을 사용합니다. 그래서 현지로 여행 갔을 때 태국, 베트남보다 글을 읽기 쉬웠습니다.

인도네시아는 의외로 잘 알려지지 않은 투자 유망 국가입니다. 동남아시아 국가 중 태국에 이어 지하철이 개통되었고, 세계 인구 4위 국가로 노동력이 풍부합니다. 수도 자카르타는 3,000만 명이 사는 대도시입니다. 인근 다른 국가들에 비해 도시 정비가 잘되어 있고, 버스 중앙 차선도 인상적입니다. GNP도 4,000달러 이하로 인도의 2배이고 베트남보다 1,000달러 더 많습니다. 도시 곳곳마다 백화점과 쇼핑몰이 잘 발달되어 있고, 자동차 비중도 상당히 높은 편입니다. 왜 현대자동차가 인도네시아에 진출했는지 이해할 만하죠.

인도네시아에 진출한 우리나라 기업들도 꽤 있습니다. 2020년 초, 자카르타에서 전철을 타고 1시간을 이동해 도착한 찌까랑이라는 도시는 외국인들을 보기 어려운 한적한 곳이었습니다. 그럼에도 현대자동차 예정지와 한국의 은행, 백종원 식당 '본가'를 보면서 한국 기업이 정말 곳곳에 진출했다는 것을 느꼈죠. 특히 한국인에 대한 호감도가 다른 동남아 국가보다 높았습니다.

인도네시아가 다른 동남아 국가와 다른 점은 술을 팔지 않는 것입니다. 인도네시아는 힌두교인 발리 외에는 이슬람교(87%) 국가라고 보면 됩니다. 대부분의 지역에서 술을 팔지 않고 외국인이 거주하는 호텔에서만 판매합니다. 보통 이런 경우 '여기 사람들은 술을 안 먹는구나'라고 넘기기 마련인데 여기서 한 번 더 생각을 꼬

아봅니다.

‘술 없이 무엇으로 스트레스를 풀까?’

인도네시아는 담배, 커피 품종이 우수하기로 유명합니다. 술을 마시지 못하면 담배 의존도가 높지 않을까 생각해봅니다. 실제로 인도네시아는 전 세계 흡연 인구 3위 국가입니다. 남성 2/3가 흡연을 즐긴다고 합니다. 흡연자 90%는 정향, 담뱃잎, 향신료를 섞은 끄레떽을 피웁니다. 초기에는 저소득층이 피우는 담배였으나 지금은 다양한 계층이 피우는 주류 담배로 자리 잡았습니다.

현지에서 끄레떽 시장 규모가 정유, 가스, 목재 다음으로 클 정도로 담배사업 비중이 높은 국가입니다. 인도네시아 증시에 상장된 담배 기업은 HM삼포에르나(HMSP, PER 16배, 배당수익률 7.5%), 구당가람(GGRM, PER 10배, 배당수익률 8.5%), 위스밀락인띠마끄무르(Wismilak Inti Makmur: WIIM, PER 5배, 배당수익률 5%) 등이 있습니다. HM삼포에르나는 미국 담배 기업 필립모리스가 2005년에 인수했습니다. 2011년 한국의 KT&G도 성장을 위해 인도네시아 담배 기업 트리삭티를 인수했습니다.

담배 기업에 투자하려면 시장점유율이 높은 HM삼포에르나

(30%)와 구당가람(30%)이 나은데, 코로나19 이후 주가가 급락한 상황이므로 반등할 만한 요소가 있을 때 투자하는 것이 좋습니다.

인도네시아 시총 1위는 BCA 은행(BBCA)입니다. 매출과 이익이 꾸준히 늘고 있지만 은행주 치고 높은 PER 33배, 배당수익률 1.5%로 매력도가 낮습니다. 인도네시아의 시총 상위 기업들을 보면 베트남처럼 은행의 비중이 높은 편입니다. 우리나라는 금융과 산업이 분리되어 있지만 동남아시아는 분리되지 않은 경우가 많아 은행이 지주회사 역할을 하기도 합니다. 겉은 은행이지만 사실상 그룹이라고 볼 수 있죠.

이보다는 현대자동차가 인도네시아를 전기차 생산기지로 삼은 점이 주목할 만합니다. 2020년 기준 인도네시아 자동차 시장은 일본이 97%를 차지하고 있습니다. 현대자동차와 기아를 합쳐도 점유율이 0.3%에 불과한 불모지인데 왜 현대자동차는 인도네시아에 진출한 것일까요?

지금은 내연기관이지만 앞으로 동남아 시장도 전기차로 전환될 겁니다. 저렴하게 보급하려면 현지에서 생산하는 것이 유리합니다. LG에너지솔루션도 인도네시아에 배터리셀 공장을 짓기로 했습니

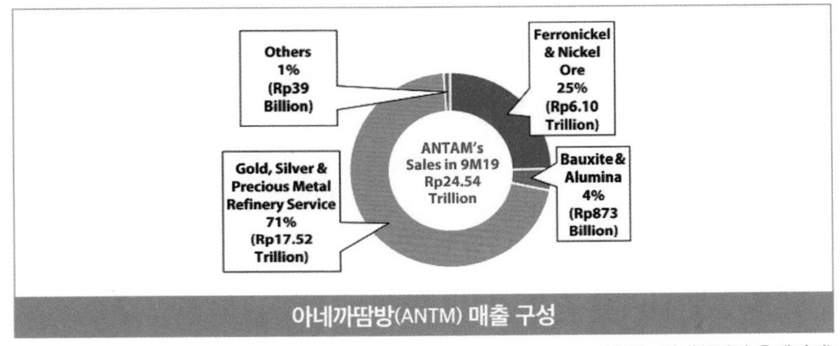

아네까땀방(ANTM) 매출 구성

(출처 : 아네까땀방 홈페이지)

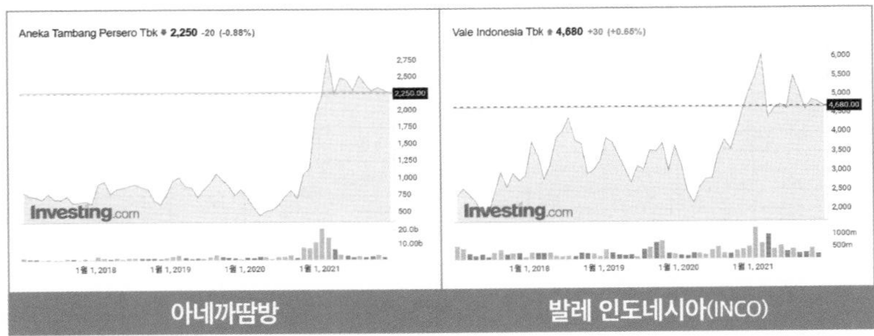

아네까땀방 / 발레 인도네시아(INCO)

(출처 : 인베스팅닷컴)

다. 동박 생산 기업인 일진머티리얼즈, SK넥실리스는 인근 말레이시아에 있습니다. 한국 업체들이 동남아에 전기차 기지를 구축하고 있기 때문에 소재나 부품을 조달하는 현지 업체는 앞으로 매출이 크게 늘어날 수 있습니다.

배터리 소재인 리튬, 니켈, 코발트 가격은 지속적으로 신고가를 경신 중입니다. 인도네시아에 이런 소재를 채굴하는 회사가 있다면 투자해볼 만합니다. 아네까땀방(Aneka Tambang Persero)은 금, 은, 니켈을 채굴하는 광물 기업으로 니켈 매출 비중이 2019년 기준 25% 수준입니다.

발레 인도네시아는 캐나다의 발레가 40% 지분을 보유한 기업으로 니켈 채굴 및 물류, 에너지, 제강 사업을 같이 하고 있습니다. 향후 배터리 수요가 늘어날수록 이 기업들의 니켈 매출도 증가할 것으로 예상됩니다. 두 기업 모두 PER은 25배 수준이고 배당수익률은 낮은 편입니다.

영업이익률 높은 일본 주식 TOP 3

일본 주식은 심심한 편입니다. 급하게 상승하지도 않고 차분하게 움직입니다. 그래서 시간을 두고 천천히 적립식으로 매수해볼 만한 주식들이 있습니다.

일본은 성장이 완숙한 나라로 기업들의 성장도 완성 단계입니다. 성장 속도가 빨라야 주가도 상승하는데, 상승이 둔하다 보니 투자자들에게 매력적이지 않습니다. 하지만 앞으로 상황이 바뀔 가능성도 있습니다.

(출처 : 네이버)

로봇 시대로 전환되면 일본의 기업들이 빛을 보게 됩니다. 기계 관련 기술의 수준이 높기 때문에 일본의 부품들이 전 세계로 수출되고 공장 자동화, 로봇 생산, 자율주행차, 6G에서 성장할 가능성이 큽니다.

유망 회사 몇 개를 다루자면 먼저 화낙이 있습니다. 산업용 로봇 시장점유율 20%로 세계 1위 기업이고, 수치제어공작기계 부문에서도 시장점유율 60%로 세계 1위입니다. 스마트폰 가공 절삭 로봇도 시장점유율 80%로 세계 1위입니다. 여러 분야에서 이미 세계 1위인데 앞으로 스마트팩토리, 자율로봇 등이 등장하면 화낙의 매출은 더 커질 전망입니다.

화낙의 강점은 25~27% 수준의 높은 영업이익률입니다. 로봇이

로봇을 만드는 시스템을 갖춰 앞으로 더 높은 영업이익률을 낼 수 있습니다. 시총 51조 원, PER 32배, 배당수익률 2%로 현재 이익 대비 주가가 비싼 편입니다.

키엔스는 토요타, 소니에 이어 일본의 시총 3위 기업으로 자동 제어장비, 계측기, 센서, 이미지 처리 장치 등 다양한 전자기기를 만드는 회사입니다. 시총 182조 원, PER 69배, 배당수익률 0.3%로 현재 이익 대비 고평가 상태이지만 주가는 3년간 2배 넘게 올랐습니다. 그만큼 앞으로 성장성이 기대된다는 뜻입니다.

키엔스는 수출 비중이 60%가 넘는 글로벌 기업으로 전 세계 46개국에 지점을 두고 있습니다. 영업이익률이 51%로 엄청난 마진을 자랑하는데 그 비결은 기술적 우위에 있습니다. 저렴한 가격에 키엔스의 성능을 따라 할 수 있다 하더라도 그렇게 높은 영업이익률을 내지는 못할 겁니다.

무라타제작소는 주로 콘덴서, 통신 모듈 등 전자부품을 만드는 기업입니다. 시총 64조 원, PER 19배, 배당수익률 1.3%입니다. 전자산업의 쌀이라고 불리는 적층 세라믹 커패시터(MLCC) 세계 1위(34%) 기업이기도 합니다. 세계 2위(24%)는 삼성전기입니다.

MLCC는 전자제품 회로에 전류가 안정적으로 흐르게 해주는 부품으로 스마트폰에 1,000개, 전기차에는 1만 3,000개 들어갑니다. 앞으로 4차산업이 발달할수록 MLCC 수요가 더 늘어나겠죠. MLCC의 가격도 최근 10~40% 상승했습니다. 업계 3위 다이요유덴(6976, 일본), 4위 TDK(6762, 일본), 5위 야교(2327, 대만) 등 경쟁사들이 있지만 1위인 무라타제작소의 강점은 19.2%에 이르는 영업이익률입니다. 다이요유덴은 영업이익률이 12.1%, TDK는 7.5% 수준입니다. 호황이든 불황이든 업계 1위가 유리한 이유를 영업이익률이 말해주고 있습니다.

2022년 가장 큰 상승이 예상되는 홍콩 주식

2021년 가장 많이 하락한 증시로 홍콩을 빼놓을 수 없습니다. 그해 고점 대비 24% 하락하고 마감했죠. 2016년 수준으로 돌아간 겁니다. 홍콩 증시는 외국인 투자자 비중이 높은데, 미중 무역분쟁, 중국 기업 규제, 부동산 기업 디폴트, 미국 상장 중국 기업 철수 등으로 외국인 투자자들이 대거 빠져나갔기 때문입니다.

하지만 2022년에는 다르게 생각해볼 수 있습니다. 많이 하락하고 많이 빠져나갔다는 것은 다시 들어와야 할 자금도 많다는 겁니다. 그럼 생각보다 크게 상승할 가능성도 있습니다. 물론 그전에 산적한 악재들을 처리해야겠지만 그건 그들의 일이고 우리는 가장 똘똘한 기업을 찾아 투자하면 됩니다.

증시가 약세일 때는 좋은 기업도 헐값에 거래됩니다. 이때 매출과 이익이 꾸준히 상승하고, 규제 대상이 아니며, 남에게 피해를 주지 않는 기업을 찾아야 합니다. 보통 매출과 이익이 꾸준히 상승하는 기업의 주가가 거시경제 이슈로 하락했을 때 투자하는데, 신흥국은 정책과 규제의 영향을 살펴봐야 합니다. 무엇보다 중국은 서민들에게 피해를 주는 업종에 대한 규제가 강합니다. 따라서 일자리 창출이 적고 금융 사업에 뛰어들어야 큰 수익을 낼 수 있는 플랫폼은 정부와 맞서야 하는 사업으로 리스크가 큽니다.

중국이 세계 선두를 이끌고 있는 업종인 태양광과 전기차, 15억 인구를 바탕으로 내수시장에 강한 식품사업에서 경쟁력을 지닌 기업을 찾을 수 있습니다. 특히 스마트폰 시장은 애플과 갤럭시의 싸움이지만 그 밑으로는 중국 기업들이 대부분을 차지하고 있습니다. 저가 스마트폰을 넘어 이제 고가 스마트폰 시장에서도 중국 업

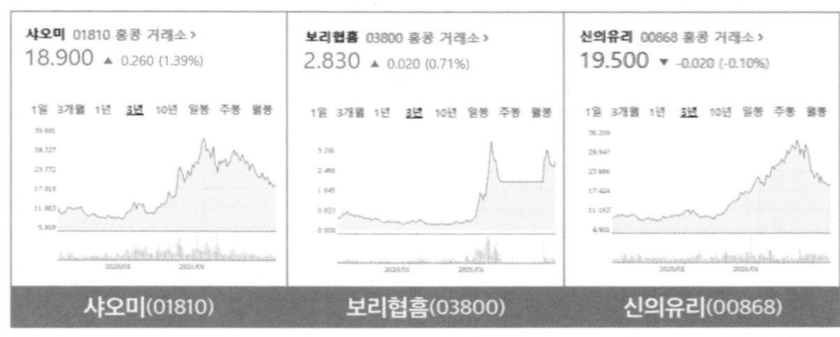

(출처 : 네이버)

체들의 공격이 매섭습니다. 중국의 전자제품은 가성비로 전 세계 시장점유율을 장악하고 있기 때문에 오히려 이런 기업에 투자하는 게 어떨까 생각해봅니다.

대표적인 기업이 샤오미입니다. 한때 대륙의 실수라 불리며 가성비 전자기기로만 유명했던 샤오미가 최근 스마트카 사업에 진출해 2024년경 스마트카를 생산할 계획입니다. 샤오미가 자신 있게 말하는 것은 세계 스마트폰 시장 3위를 차지했기 때문입니다. 스마트폰 다음 플랫폼이 될 스마트카 시장을 선점해서 1, 2위를 차지하겠다는 것이죠. 삼성과 애플은 샤오미의 기습에 적잖이 당황했을 겁니다.

샤오미는 시총 72조, PER 19.5배인데 매출이 연평균 13%로 고

성장하는 와중에 2021년 하반기 공급난, 물류비 증가로 이익이 급락했습니다. 이런 영향이 없었다면 순이익은 연 6조 원 수준으로 PER 12배가량을 기록했을 겁니다. 매출이 급격히 늘어나는 기업이 PER 12배이면 저평가되었다고 볼 수 있습니다.

두 번째 기업은 태양광 폴리실리콘 세계 1위 기업 보리협흠(GCL)입니다. 태양광 사업은 저렴한 전기료, 보조금 등에 힘입어 중국이 세계 시장의 대부분을 장악했습니다. 태양광 산업이 성장할수록 중국 기업들이 수혜를 보는 구조입니다.

태양광의 가치사슬은 '폴리실리콘 - 잉곳 - 웨이퍼 - 셀 - 모듈'로 구축됩니다. 그중 원가 상승의 영향을 가장 덜 받는 폴리실리콘이 그나마 리스크가 덜합니다. 폴리실리콘은 통위(600438), 보리협흠, 다초, OCI 등 몇 개 기업이 앞으로 얼마나 증설할 예정인가를 통해 공급과 수요, 가격 변화를 예측하고 투자를 해도 좋을지 판가름해볼 수 있습니다.

그동안 통위의 대규모 증설 전략으로 잠시 보리협흠이 시장점유율 1위 자리를 빼앗겼으나, 보리협흠도 이에 지지 않고 2022년부터 대규모 증설을 할 예정이므로 한동안 공급 과잉이 예상됩니다. 하지만 태양광 시장도 과거와 달리 빠르게 성장하는 중이기에 증설하는 물량과 늘어나는 수요량의 차이가 크지 않습니다. 가격은 현재 수준인 킬로그램당 30달러를 유지할 것이고 폴리실리콘 기업은 높은 이익률을 기록할 가능성이 높습니다.

보리협흠은 PER 10배 수준으로 급등한 폴리실리콘 가격 대비 유리해 보이지만 내년부터 증설하면 매출과 이익이 급격히 증가할 것입니다. 보리협흠은 타 기업과 달리 입상 실리콘 기술을 적용하는데 기존 지멘스 공법보다 전기료와 공정 비용이 적게 들어 생산단가가 훨씬 낮습니다. 폴리실리콘 가격이 떨어졌을 때 다른 기업은 적자를 내지만 보리협흠은 흑자를 내면서 최후까지 살아남을 가능성도 있습니다.

세 번째는 의외의 전기차 수혜주인 신의유리입니다. 전 세계 유리 생산의 70%가 중국산이고 가격도 가장 저렴합니다. 국내 KCC 글라스보다 20% 낮은 가격으로 경쟁력을 가지고 있죠. 건설과 자동차용 유리를 생산하는 이 기업은 최근에 헝다 사태로 건설시장이 침체될 우려가 제기되고, 자동차 반도체 쇼티지(shortage, 품귀 현상)에 따른 생산 차질로 공급이 감소하면서 주가가 하락했습니다.

하지만 아직 중국 시멘트 수급이나 다른 지표들을 보면 뉴스와 달리 건설 경기가 꺾였다는 지표를 발견할 수 없습니다. 더구나 미국의 건설 경기는 나날이 호황을 누리고 있고, 한국도 착공 건수가 2022년부터 크게 상승할 예정이라 건설용 유리가 의외로 부족할 가능성이 높습니다.

보통 뉴스와 반대 상황이 벌어질 때 흥미롭습니다. 공급난이 해소되고 나면 그간 밀렸던 자동차 생산은 풀가동을 해도 모자라게 됩니다. 또한 유가가 오르는 추세라 전기차로 전환하려는 수요도 늘어날 것입니다. 중국은 전기차 생산 1위 국가로 생산량이 늘어날수록 차량용 유리 수요도 늘어납니다.

그렇게 보면 세계 1위 유리업체의 최근 50%에 가까운 주가 하락은 과한 면이 있습니다. 신의유리는 현재 시총 12조, PER 8.4배, 배당수익률 6.5%로 여러 면에서 나쁘지 않다고 볼 수 있습니다. 물론 홍콩 증시가 하락 추세이기에 덜컥 샀다가 한동안 손실을 볼 수도 있지만 배당이 좋기 때문에 이 정도면 괜찮은 안전벨트 하나 메고 투자를 시도해볼 만합니다.

부자가 될 기회는 반드시 있다

주식투자를 하다 보면 정도가 없다는 것을 깨닫게 됩니다. 세상에는 정말 다양한 투자 방법으로 돈을 버는 사람들이 많습니다. 대가의 교훈이나 주식투자 관련 책에서는 원칙만 지키면 돈을 벌 수 있다고 말하죠. 하지만 실제 주식투자로 성공한 사람들의 이야기를 들어보면 우연히 들어온 기회를 잘 잡아서 부자가 된 경우가 더 많습니다.

투자 원칙에서는 분산투자를 하라고 하지만 집중투자를 해서 수익을 극대화한 사람들이 더 많고, 워런 버핏조차 자산의 40%가 애플 주식일 정도로 집중투자를 하고 있습니다. 집중투자를 하기 위해서는 엄청난 부담감을 이겨낼 수 있는 강인한 정신력과 철저한 분석을 바탕으로 한 확신이 있어야 합니다. 모두가 아니라고 할 때 혼자 옳다고 생각하는 용기가 필요한데 대부분의 사람들은 그렇게 하지 못합니다.

그래서 생각을 바꿔야 합니다. 최근에 오르는 주식, 주변 사람들 입에 오르내리는 주식이 아니라 대중의 관심을 받지 못하는 주식을 찾아야 합니다. 돈을 못 버는 사람들은 "안 오르는 데는 이유가 있다", "이미 시장이 주가에 반영된 것이다"라고 말합니다. 지금 오르지 않는 주식에는 관심을 두지 않습니다. 그러고는 대중이 좋아하는 주식을 쫓아다닙니다. 마치 아이들이 우르르 공을 쫓아다니며 축구를 하듯이 말이죠.

어차피 시장은 호황과 불황을 반복하고 주가도 오르내립니다. 영원히 오르지 못할 것 같던 업종에 투자자들이 몰리고, 영원히 오를 것 같던 업종에서 투자자들이 빠져나갑니다. 그러니 주식투자자들의 이야기가 아닌 다른 곳에서 들려오는 정보에 귀를 기울여 보는 것이 좋습니다.

피터 린치는 딸들과 쇼핑을 갔다가 우연히 인기 있는 브랜드를 발견하고 투자해 큰 재미를 봤습니다. 여러분도 지금 이 순간 우연히 알게 된 기업이 있을 겁니다. 회식 자리나 지인의 자동차를 보고 발견할 수도 있습니다. 해외여행을 하면서 현지의 제품들을 만날 수도 있습니다. 보통은 그냥 지나치지만 투자자들은 이를 검색해봅니다. 업종을 가리지 말고 우연한 기회에 알게 된 기업을 스마트폰으로 검색해보는 습관을 길러보세요. 아직 대중이 발견하지 못한 주식이 여러분의 검색창에 있을지도 모릅니다.

그리고 검색한 기업의 실적, 산업 동향, 정책, 변수들을 고려해보세요. 주가가 오르지 않았다는 것은 어떠한 문제가 있다는 뜻입니다. 그것이 해결될 수 있는 문제인지 고민해보세요. 그다음 더 자세히 조사해보고 뉴스도 검색해봅니다. 시간이 지나 해결될 문제라면 그 주식을 사고 기다립니다. 잠시 잊고 또 다른 주식을 찾아보는 것이죠.

이렇게 투자를 반복하면 좋은 주식이 여러분에게 끊임없이 다가올 것입니다. 종잣돈은 비록 적지만 투자 기회는 끊이지 않는 것이죠. 그렇게 기회를 하나씩 잡다 보면 어느 날 여러분의 자산이 평균을 추월해 있을 것입니다. 그리고 여러분도 경제적 자유를 이뤘다고 자신 있게 선언할 겁니다. 그날을 기원합니다.

KI신서 10108

전인구의 미국주식 투자 전략

1판 1쇄 인쇄 2022년 2월 4일
1판 1쇄 발행 2022년 2월 16일

지은이 전인구
펴낸이 김영곤
펴낸곳 (주)북이십일 21세기북스

출판사업본부 콘텐츠개발팀장 장인서
디자인 박숙희
마케팅영업본부장 민안기
마케팅1팀 배상현 이보라 한경화 김신우
출판영업팀 김수현 이광호 최명열
제작팀 이영민 권경민

출판등록 2000년 5월 6일 제406-2003-061호
주소 (10881) 경기도 파주시 회동길 201(문발동)
대표전화 031-955-2100 **팩스** 031-955-2151 **이메일** book21@book21.co.kr

ISBN 978-89-509-9939-1 (03320)